DÉCOUVREZ VOTRE ASCENDANT

VIERGE

LES ÉDITIONS QUEBECOR
une division de Groupe Quebecor inc.
7, chemin Bates
Bureau 100
Outremont (Québec)
H2V 1A6

Distribution : Québec-Livres

© 1988, Les Éditions Quebecor
© 1992, Les Éditions Quebecor, pour la réédition
Dépôt légal, 2e trimestre 1992

Bibliothèque nationale du Québec
Bibliothèque nationale du Canada
ISBN 2-89089-470-3
ISBN 2-89089-886-5

Coordonnatrice à la production : Sylvie Archambault
Conception et réalisation graphique de la page
couverture : Bernard Langlois
Maquette intérieure : Bernard Lamy et Carole Garon

Impression : Imprimerie l'Éclaireur

JACQUELINE AUBRY

DÉCOUVREZ VOTRE ASCENDANT

VIERGE

Les Éditions Québecor

PRÉFACE

Plus facile d'écrire un article que de préfacer le livre d'une femme que l'on aime «presque» inconditionnellement.

Je dis «presque» parce que nul n'est parfait et que l'adoration béate n'est pas à mes yeux une relation saine.

Que dire d'elle ? Que dire de son travail ? de ses livres ? si ce n'est qu'elle fait tout pour l'amour qu'elle porte à la race humaine qu'elle perçoit à travers la lorgnette des 12 signes astrologiques.

Tel l'alchimiste devant ses fioles, la carte du champ des étoiles étalée devant elle, elle récupère le jeu des forces de l'individu pour s'en faire une énergie qui passe par sa pensée dans l'écriture.

Dans cette recherche de l'immédiat, notre astrologue retrouve ce lien d'intensité qui la guidera vers l'autre, vers une pensée authentique... ou vers une pensée sauvage. Tout le monde n'a pas les mêmes balises, les mêmes priorités, les mêmes aspirations. Et rien n'est l'effet du hasard. Quelqu'un n'a-t-il pas dit quelque part qu'un éternuement à un bout de la planète peut provoquer un tremblement de terre à l'autre bout.

Pendant la guerre du Golfe, l'année dernière, l'éternuement s'était produit, il suffisait d'attendre le tremblement de terre. Jacqueline avait dit qu'il se produirait le 17 et non le 15 janvier comme tout le monde s'y attendait. La lune, disait-elle, était en carré Vénus, carré Saturne, carré Mercure, carré Neptune. Ciel chargé, aspects négatifs.

Bref, ce 17 janvier, j'étais de garde à Radio-Canada à l'émission d'information pour laquelle je travaille. Et je surveillais le fil de presse et les écrans de télévision. J'avais blagué avec mes collègues en leur disant que je préférais ne pas rentrer à la maison puisqu'il allait falloir revenir et travailler, que ce soir était le grand soir, mon astrologue me l'avait prédit.

À 00h 00 GMT, en début de soirée à Montréal, la Maison Blanche annonçait que l'opération «Tempête du désert» pour la libération du Koweit avait débuté.

Au cours des jours qui suivirent, nous avions du pain sur la planche. Nous travaillions si fort et pendant de si longues heures que chaque fois que je voulais prendre une pause de quelques minutes, j'appelais Jacqueline et lui faisais le bilan du déroulement de la guerre. Elle me décrivait dans son vocabulaire les événements qui allaient se produire à travers la carte du ciel de Saddam Hussein, celle du président Bush et des planètes régissant les pays impliqués. J'étais sidérée par la compréhension qu'elle avait des événements qui se déroulaient dans le Golfe, d'autant plus que je connaissais pertinemment le peu d'intérêt qu'offrent les nouvelles aux yeux de Jacqueline.

«Ce sont toujours de mauvaises nouvelles, je préfère ne pas les regarder», répète-t-elle souvent.

Elle me disait sans cesse au début du mois de janvier que la guerre se transformerait en une Guerre mondiale, parce que, croyait-elle, on va prendre cette guerre comme alibi pour détourner l'attention vers un autre pays ciblé. Dès le 18 janvier, Israël recevait son premier missile Scud. Jacqueline disait que cette guerre allait faire rejaillir de vieilles querelles et que des populations entières se retrouveraient loin de chez elles.

Que le monde entier serait bouleversé après cela... que des amitiés entre peuples allaient refaire surface et qu'il y aurait un retour aux valeurs spirituelles dans de nombreuses parties du globe. Faute de pain, on met son espoir en Dieu.

Le 24 janvier, Jacqueline, qui trouvait un intérêt particulier à cette guerre, m'appelait pour me dire qu'il y aurait un événement qui se produirait sur l'eau dans les prochains jours. On salit la planète par vengeance, m'informait-elle. Ça allait être affreux. La lune était en capricorne et Jupiter en cancer (l'eau) et comme Mars était en Sagittaire, ça allait se répandre. Et Saddam Hussein ne s'en tiendrait pas là; il allait recommencer une autre fois.

Le 25 janvier, Washington et Ryad accusaient l'Irak de déverser d'énormes quantités de pétrole dans le Golfe provoquant ainsi une très grave marée noire.

Le 30 janvier : annonce d'une seconde marée noire au large de l'Irak...

Là, la Lune était en Poissons carré Mars. La Guerre par l'eau.

Cruellement, c'est dans les guerres que les peuples, que les gens se révèlent le mieux. C'est dans ses réflexions sur la guerre, sur les civils qui se faisaient massacrer que Jacqueline me dévoilait son propre attachement à la vie, aux éternels recommencements provoqués... de ces éternels recommencements annonciateurs d'une certaine plénitude de l'être.

N'empêchons pas le mouvement. S'il n'a pas lieu, n'empêchons pas l'idée du mouvement.

J'ai des cahiers pleins de notes sur les prédictions des différents mouvements engendrés dans divers pays, autant que sur les bouleversements causés dans ma propre vie. Si un jour quelqu'un trouvait ces cahiers, il s'amuserait assurément à départager les événements collés à l'actualité des prédictions mondiales de Jacqueline ainsi que ses réflexions personnelles sur mes amis, enfants, amours...

L'éclatement de l'URSS fut prédit par Hélène Carrère d'Encausse il y a dix ans dans son livre «l'Empire éclaté». Elle est politicologue.

Dans son jargon astrologique (que je ne comprends qu'à travers les archétypes de Jung : lectures qui ont accompagné mon adolescence), Jacqueline m'expliquait, elle, que la Russie, le pays du Verseau, ne serait plus cette année ce qu'il était. Elle ne voyait que chaos et désordre. Qu'il y aurait de nombreux petits pays qui se formeraient et que de plus en plus de populations crèveraient de faim pendant des années.

Mais laissons de côté les pays, la guerre, les idées alarmistes pour se tourner vers vous, les lecteurs de ce livre...

Si vous tenez ce livre entre vos mains, c'est déjà un bon signe. C'est que vous vous intéressez au moins à votre propre naissance. Il y a donc de l'espoir. C'est toujours terré dans un coin, loin des autres, que l'on se pose les questions : Qui suis-je ? Où vais-je ? Et comment et avec qui y aller ? Si l'on pouvait au moins trouver une interprétation à certains archétypes permanents, l'on pourrait se concentrer sur les rapports analogiques entre les êtres, les choses, les étoiles et retrouver celle qui doit guider la plupart d'entre nous... notre bonne étoile.

Mais comment se retrouver dans les ramifications à perte de vue de ce fil qui rattache notre monde — le réel — aux configurations célestes ?

Comment se retrouver dans les faux miroirs ? Puisque la vie est autre que ce que l'on écrit. Parce que l'écriture peut être trompeuse lorsqu'elle provoque une certaine idéalisation des événement. L'écriture caricature, mais elle est aussi liberté.

C'est ce désir de liberté qui sommeille au fond de chaque signe qui vous sera extirpé dans ce livre, ce désir de se voir dans un miroir non déformant, de se voir Être dépouillé de tout mensonge, de brefs éclats du miroir perdu à la recherche ne serait-ce que... d'une parcelle de vérité.

Comme si le monde allait de lui-même se restituer en un monde d'équilibre des ressources, des avoirs, des forces de construction d'un monde nouveau. Le prochain siècle s'inscrira peut être sous le signe des valeurs universelles... Après tout, ce sont ces valeurs qui assurent la permanence.

Ce livre s'adresse à chacun des signes, leurs ascendants et veut aussi créer ce rapport analogique que recherchent les gens seuls à la recherche d'un être qui leur soit sous presque tout rapport apparié. Peut être permettra-t-il à certains d'entre vous de chasser les vieux fantômes restés enfouis dans vos vieilles cellules ? Peut être vous permettra-t-il également de constater la vraie vie absente comme aussi l'absence de l'autre...

Le couple constitue une des plus grandes forces... le couple n'est-ce pas la force individuelle décuplée ?

Seuls, nous ne pouvons pas grand-chose.

Evelyne Abitbol

VIERGE

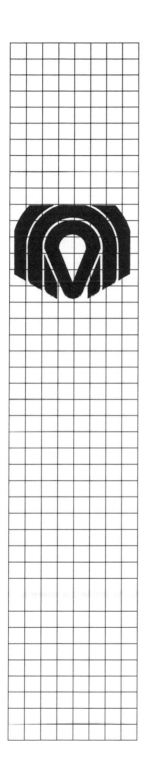

À *Solange Caron, chriropraticienne, homéopathe qui a sauvé ma santé, qui m'aide à la préserver.*
À Jocelyne Bernier, sa secrétaire, qui est joie, énergie, honnêteté, bonté.
À Sarah Virginie Langlois, fille d'Evelyne Abitbol, à l'intelligence aussi vaste qu'un cosmos et que j'aime beaucoup.

VIERGE signe féminin.
Il est le sixième signe du zodiaque.
Il est la sixième maison.
Il dit JE SERS.
Il est un signe de terre.
Il est un signe mutable ou double.
Il est la fin de l'été.
Sa planète est Mercure.
Sa fonction vitale est la digestion, l'intestin.

VIERGE

La vibration de la Vierge est bien particulière. Quand vous êtes près d'elle, vous ressentez à la fois la force et la faiblesse. Une force qui lui vient de sa ténacité, de son intelligence, de sa rationalité, et une faiblesse où différentes peurs prennent place, une insécurité face au jugement que vous pourriez porter sur elle. Elle se critique sans cesse et transpose en s'imaginant qu'on parle contre elle, qu'on a découvert le défaut dont elle se sent affligée et dont elle veut se débarrasser.

Sa vibration dit que vous devrez prendre soin d'elle, mais qu'elle en fera autant à votre endroit, et c'est vrai. Rendez-lui service et vous la verrez arriver au moment où vous vous y attendez le moins. Au moment où vous aurez besoin d'aide, elle sera là.

On représente la Vierge comme une jeune fille tenant des épis de blé, une fois la moisson terminée. La Vierge a donc cultivé, travaillé, amassé. Elle mérite ce qu'elle a. Je suis toujours surprise de toutes les connaissances qu'elle a retenues de ses différentes expériences. En fait, elle ne vous en parlera que si vous le lui demandez. Le blé est rangé dans le grenier, elle ne le sort que si on a besoin de pain. Elle est plutôt économe, mais elle n'hésitera pas à vous venir en aide si vous êtes dans le besoin. Elle ne supporte pas la souffrance humaine et se sent bien déçue si elle doit se contenter de la constater. On pourrait la trouver froide mais il n'en est rien. Quand elle prend ses distances, c'est qu'elle a peur de déranger. Elle est facilement anxieuse, angoissée et c'est transparent, elle ne sait pas dissimuler ses doutes, ses peurs. Elle le voudrait car elle craint de vous effrayer. La Vierge est une personne grandement intelligente. Il suffit de lui expliquer le processus de sa pensée quand elle est rendue à telle ou telle autre étape de son évolution pour qu'elle révise si besoin est et se ravise ensuite.

Il y a naturellement plusieurs personnes du signe de la Vierge dont j'apprécie la compagnie, la présence, la vibration subtile, à la fois par l'intelligence qui se dégage comme une onde magnétique et par la sensibilité exquise qui fait qu'elle se préoccupe de votre bien-être.

Il y a Marguerite Blais. Au moment où j'écris ces lignes, elle se balade quelque part en Europe. Je pense à elle avec ravissement. Ces dernières années je l'ai vue, observée; elle a changé, elle a évolué. En fait, je la connais depuis 1969. Nous étions alors dans les mêmes «partys». De la petite fille qu'elle était elle est devenue une femme, ensuite une mère! La plupart d'entre vous ne connaissent que le côté vedette de Marguerite. Elle est plus que ça, et ce n'est pas une poupée. Elle est douée d'une grande intelligence et d'une grande sensibilité, et c'est cette dernière qu'elle m'a laissé explorer, dont elle a voulu discuter. Je fus très touchée quand elle m'a écrit l'an dernier, alors qu'elle était au Pérou et qu'elle démêlait la paperasse qui allait lui permettre de ramener ses enfants. Quelle marque de confiance ça a été pour moi! Et d'amitié affectueuse! Elle ne le sait pas, je ne le lui ai jamais dit. Elle le sait maintenant. Ayant une grosse planète en Vierge, je suis sensible à toutes les petites attentions que l'on a pour moi, comme je le suis pour ceux que j'aime. Vous pouvez le leur demander! Ça ne me gêne nullement d'être de service et serviable, et je ne me sens nullement humiliée de servir ceux que j'aime. Bien au contraire, à la manière d'une Vierge j'y prends plaisir. C'est ainsi que les Vierges se sentent. Heureuses quand elles peuvent rendre service, mais jamais tout à fait certaines d'avoir été parfaites dans leur service. Elles sont capables de se reprocher longtemps d'avoir oublié un détail sur la table, un jour où elle recevait chez elle!

La vibration que Marguerite fait ressentir, comme tant d'autres femmes de ce signe, c'est: «Tu sais que je t'aime beaucoup, mais j'ai l'impression que je ne fais presque rien pour toi. Comment puis-je te le prouver davantage?» Je trouve la vibration profondément humaine. Il est agréable de savoir que quelqu'un sera là si j'ai besoin d'aide.

Il y a Émile Campanello, fidèle ami qui ne rate jamais l'occasion de me féliciter pour un bon coup et qui demande chaque fois si je ne manque de rien. Si j'ai besoin d'un chauffeur pour me rendre à l'extérieur de Montréal, pour une conférence, je n'ai qu'à lui en parler.

VIERGE

J'ai une autre amie Vierge, X.X. C'est une fille extrêmement intelligente, raisonnable, dynamique dans l'action. Chez elle, réflexion et action s'enchaînent. Cette fois, la vibration est totalement différente. Elle fait appel à un Mercure purement logique et elle dit: «Voilà, nous pouvons parler en paix, intelligemment.» C'est un peu plus froid, mais c'est direct. Avec elle, tout est mesuré, calculé, prévu. Je l'aime bien, mais je ne la fréquente pas, sauf pour des conseils purement pratiques. Elle s'empresse de les donner et elle est d'une précision extraordinaire, le grand service. Il lui manque une dimension, celle de se laisser aller de temps à autre et de s'émouvoir sur les blés qui sont ramassés. Oh! elle sait quand même s'amuser un peu, un soir où elle ne travaille pas le lendemain et où elle n'aura aucune obligation à remplir. Elle est si habile aux jeux de mots qu'elle nous fait tous rire! Il faut en profiter, les loisirs c'est pour les autres la plupart du temps.

Il y a d'autres Vierges comme elle. Elles ne vous font aucun tort, ça c'est bien certain. Elles nuisent à elles seules, leur vie privée est rarement heureuse, elle est toute calculée alors que l'amour c'est une seconde d'éternité.

Il y a Marc Latraverse que j'admire à la fois pour son intelligence et sa sensibilité. Il aime la vérité, et s'il doit en dire une susceptible de choquer ou de ne pas entrer dans votre grille personnelle des valeurs, il s'excusera avant. Quelle délicatesse! Sa vibration est stimulante pour l'intelligence, il en rayonne d'ailleurs. Quand vous êtes à ses côtés vous aimeriez, comme lui, avoir visité beaucoup de pays, connaître une foule de choses, vous émouvoir devant les paysages exotiques, pouvoir les décrire avec autant de verve que lui. À ses côtés vous devenez plus tolérant parce qu'il dégage une large ouverture d'esprit. Je l'aime beaucoup. À cette intelligence s'ajoute la finesse de ses sentiments exprimés avec grâce et élégance, tout comme ses opinions sur des sujets qui relèvent purement de la logique.

Vous connaissez, bien sûr, Andrée Boucher. Elle travaille avec acharnement, le sourire aux lèvres et toujours prête à faire un brin d'humour! Andrée est une personne extraordinairement respectueuse de l'être humain, profondément; pour elle, il y a toujours de la place pour de l'amélioration dans la vie. Elle perfectionne le temps, son temps, et veut faire de celui de ses auditeurs un moment de détente agréable. Elle veut ardemment que les gens soient plus heureux! J'adore discuter avec elle parce qu'elle est magnifiquement intelligente, vive. Elle possède une spontanéité enfantine qu'elle tient à garder, cela lui permet en même temps de rester près de ceux qu'elle aime, de leur dire ce qu'elle pense, de les aimer, de se faire aimer. Elle a ce côté pratique des Vierges, elle enseigne ce qui peut être utile pour une meilleure qualité de vie! Bravo, Andrée! Voilà une autre Vierge qui mérite ses médailles et l'affection du public.

Je me sens très à l'aise en présence des Vierges. Elles vibrent à la fois par l'intelligence et la sensibilité. Vous ne pouvez rester indifférent. Si, à tout hasard, une Vierge s'apercevait que vous êtes tenté de l'être, elle viendra vous chercher en se demandant si elle ne peut pas vous être utile à quelque chose.

Une Vierge peut devenir méfiante, surtout si elle a vécu la douleur dans l'amour. Elle s'enferme alors dans sa raison, mais jamais pour la vie, elle est trop intelligente pour ça. Elle peut avoir peur de communiquer, parce qu'elle craint de déranger ou que vous ne compreniez pas exactement ce qu'elle veut vous dire. Elle aime l'exactitude. Elle a toujours la sensation d'être passée à côté de quelque chose parce qu'elle a du mal à vivre en même temps raison et émotion. Si, à tout hasard, elles étaient incompatibles? Elle est sensuelle, mais elle se méfie de son instinct. La raison est réservée à l'humain, mais l'instinct tient de l'animal!

Si vous lui en laissez le temps, si vous êtes capable de la rassurer, elle vous aimera longtemps, longtemps, et elle gardera quelques épis qu'elle fera sécher entre les pages d'un livre d'amour pour se souvenir de cette belle fin de saison où vous avez tenu sa main alors qu'un vent la faisait frissonner.

Ses relations avec les autres signes

UNE VIERGE ET UN BÉLIER

La Vierge et le Bélier se parlent, mais ils ne s'entendent pas. Il leur faut parfois une «grosse» difficulté pour qu'ils en arrivent à s'expliquer. Le Bélier est un signe de feu, il est prompt; la Vierge, un signe de terre régi par Mercure, elle réfléchit avant d'agir, pèse, mesure, ce qui, pour le Bélier, est une véritable perte de temps. Ils ont beaucoup à s'apprendre mutuellement, mais avant d'avoir leur diplôme final, ils devront passer par plusieurs étapes. En arriver à une harmonie parfaite ou presque... n'a rien de simple, mais rien n'est impossible si le signe de terre de la Vierge ne jette pas trop de terre sur le feu qui s'éteint alors et qui meurt... au point de perdre le goût de l'action. La Vierge devra accepter le feu qui tantôt réchauffe et tantôt brûle! Elle devra cesser de réfléchir aux mots passion et spontanéité et les vivre sans se poser de questions. La Vierge, qui est un signe de travail, devra s'arrêter de temps à autre et faire comme le Bélier: goûter, dévorer ce qui est bon et agréable à vivre, sans se poser de questions. Le Bélier ferait bien d'écouter les sages conseils de la Vierge sa prudence peut lui être d'un grand secours.

UNE VIERGE ET UN TAUREAU

La Vierge et le Taureau, voici un couple bien calme, deux signes de terre qui veulent la tranquillité, la paix, la sécurité. Leurs vibrations s'unissent et apportent effectivement le confort matériel. Ensemble, ils défendent mieux leurs intérêts. Ils n'ont pas peur de l'effort, ni l'un ni l'autre, pour se procurer ce dont ils ont besoin et ce qui leur fait envie. Mais... deux signes de terre... pas d'eau... il y a risque de sécheresse... Pas d'air... on ne sait jamais quoi inventer pour se distraire au juste... Pas de feu... où est la passion qui anime les sentiments? Ils peuvent vivre ensemble longtemps, mais peuvent s'ennuyer si l'un et l'autre s'attendent pour se distraire, s'aiguiser. L'attachement se fait immanquablement, mais l'union peut devenir monotone, ils prennent des habitudes jusqu'au jour où ils se rendent compte qu'ils possèdent mais ne font rien de plus que de contempler leurs biens!

Ces deux signes de terre sont bien timides quand il est question de partager leurs sentiments, de se dire ce qu'ils pensent d'eux, de l'un et de l'autre. Ils sont aussi très sensibles et évitent de froisser cette sensibilité tout aussi aiguë chez l'un que chez l'autre. La Vierge entamera la conversation. Si le Taureau se sent trop pris, il peut se taire. La Vierge s'en irritera. Étant un signe double, ayant plus d'audace que le Taureau, elle se trouvera une porte de sortie et le Taureau pourrait bien rester seul. Face à la vibration de la Vierge, il n'ose pas se plaindre. La Vierge, le plus souvent une personne intelligente, peut très bien expliquer par la raison le comportement du Taureau et, à certains moments se montrer froide pour l'impressionner. Si les deux vivent assez long-temps ensemble, après avoir traversé quelques orages ils auront du mal à se séparer. Le Taureau est attachant, il est patient, il aime aussi les fantaisies et l'audace de la Vierge. Il les admire. La Vierge, bien qu'elle soit plus mobile que le Taureau, finit par admettre que cette stabilité et cette sécurité lui conviennent bien, et qu'elle ne pourra être mieux ailleurs et ainsi... la vie continue. Qui n'a pas de réajustements à faire dans sa vie de couple? Ces mêmes ajustements font partie de son évolution. Pour qu'ils puissent être vraiment heureux, pour qu'ils évitent de s'enliser dans la routine, ils doivent faire un effort, chacun son tour, pour inventer un nouvel amusement, un nouveau loisir, un nouveau plaisir. À tour de rôle, ils devront inventer la passion et se refaire des promesses. Et surtout, ils se communiqueront leurs sentiments pour éviter qu'ils ne s'enfoncent sous leurs deux signes de terre, comme on enterrerait l'amour parce qu'il est mort. Cette vie entre Taureau et Vierge peut être une véritable bénédiction. Il suffit d'un tout petit effort de la part de chacun.

 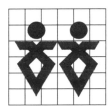

UNE VIERGE ET UN GÉMEAUX

Voici deux signes doubles, ce qui fait un couple formé de «quatre» personnes au départ; deux signes régis par la planète Mercure, symbole de logique, d'intelligence, de rationalité. Mercure, dans le Gémeaux, est dans un signe d'air, pas toujours pratique, mais toujours intéressant et souvent rénovateur par ses idées. Mercure, dans la Vierge, est un signe de terre, toujours pratique, mais parfois trop conservateur, les idées étant plus lentes à se développer, par prudence. Ils peuvent donc être agaçants l'un pour l'autre quand vient l'heure de la discussion. Le Gémeaux dit: tout de suite, et la Vierge dit: attends, il faut analyser la situation jusqu'au bout, sérieusement, et surtout ne pas y perdre un sou! Le Gémeaux non plus n'a pas envie de perdre, mais il peut se permettre quelques risques. En fait, il est généralement plus optimiste, plus naïf aussi que la Vierge, qui, elle, peut se tourmenter longtemps pour un détail tandis que, pour le même détail, le Gémeaux a déjà fait son exposé et son explosion! Rien n'est parfait et tout est possible: ils peuvent bien passer toute une vie à discuter. Le Gémeaux sera finalement ébloui par les capacités d'action et d'organisation de la Vierge. Celle-ci se sentira séduite par le charme léger et non envahissant du Gémeaux, car elle est une fine observatrice. Si elle ne tombe pas dans la critique, mais plutôt dans l'éloge, elle peut trouver continuellement des qualités à ajouter à son Gémeaux. Le Gémeaux devra surveiller son vocabulaire, souvent si direct qu'il n'en a pas mesuré la portée et il blesse la Vierge qui est plus susceptible que lui, qui a aussi meilleure mémoire et est plus rancunière. Son processus d'analyse plus lent et plus complexe fait qu'elle est tourmentée. Le Gémeaux, lui, trouve sa solution dans une autre action plus intéressante que celle qui l'a dérangé! La Vierge peut en être surprise, saisie, mais elle peut y prendre une leçon, celle de ne pas s'en faire pour des vétilles! Et le Gémeaux peut, de son côté, développer la capacité de mesurer à plus long terme plutôt que de voir le bout de son nez et de le suivre!

UNE VIERGE ET UN CANCER

Le premier est un signe de terre et le second, un signe d'eau. L'eau peut fertiliser la terre ou la noyer; la terre peut demander tellement d'eau que cette dernière ne fournit pas. Le Cancer est un signe cardinal, donc un signe de chef, de commandement. La Vierge est un signe mutable, considéré comme un signe double, donc qui n'écoute pas vraiment les ordres, ou d'une oreille seulement, ou quand ça lui plaît. Face au Cancer, elle peut ne tenir parole que lorsque celui-ci s'est bien lamenté! La Vierge a le grand défaut de n'arriver au secours d'autrui que lorsque celui-ci est à sa limite. Aussi a-t-elle alors le plaisir de dire qu'elle a sauvé la situation! Pendant ce temps, le Cancer a souffert et il a bonne mémoire! Ils font souvent une bonne équipe, sont d'accord pour se mettre en sécurité, ramasser de l'argent, s'établir et planifier à long terme au sujet de leur confort... La prévention ça les connaît.

Il y manque parfois la fantaisie que le Cancer s'efforce d'apporter et que la Vierge trouve déraisonnable, mais le Cancer est tenace et il finit par obtenir un sourire, et peut-être même à faire rire la sérieuse Vierge. Le Cancer est habile à faire ressentir ses états d'âme, et la Vierge ses états d'esprit, et tous deux exigent que chacun explique à l'autre ce qui se passe. Cependant, ils ne sont pas tout à fait sur la même longueur d'onde. Il faudra du temps pour qu'ils puissent s'ajuster, mais ils sont patients là-dessus. Le Cancer s'agrippe avec ses pinces de crabe et la Vierge s'enracine avec son signe de terre et prend l'habitude d'être agrippée par le Cancer! Une fois qu'ils se seront compris, la Vierge pourra expliquer les émotions multiples du Cancer et le Cancer pourra suivre les déroulements mentaux de l'esprit supra-logique de la Vierge.

La Vierge n'est pas dépourvue d'émotions, mais elle ne tient pas particulièrement à s'y maintenir, cela ralentirait sa productivité, symbole du travail, du concret. Les choses doivent se faire et il ne faut pas se plaindre. Le Cancer, signe d'eau, symbole de la Lune, des émotions, n'est pas démuni de logique, seulement il agit davantage sous l'impulsion du sentiment du moment présent. C'est pourquoi il lui arrive d'avoir des sautes d'humeur qui surprennent la Vierge, laquelle, en toute logique, n'arrive pas à comprendre comment on peut rire dans un moment sérieux et pleurer quand c'est le temps de s'amuser. Le Cancer aime l'ordre selon le ravissement qu'il lui procure. La Vierge aime l'ordre pour éviter les pertes de temps: production, organisation matérielle. L'amitié les lie le plus souvent au début et c'est lentement qu'ils s'attachent l'un à l'autre. Le Cancer finit par émouvoir la Vierge et celle-ci finit par faire confiance aux pressentiments de l'autre. L'amour peut paraître comme une chose évidente au Cancer qui doit donner à la Vierge le temps de bien analyser l'objectif que l'amour peut joindre.

UNE VIERGE ET UN LION

Voilà un signe de terre et un signe de feu. Le feu peut brûler la terre et plus rien n'y pousse. Jetez de la terre sur le feu et il s'éteint. Chimiquement l'union est dangereuse. De plus, le Lion étant le douzième signe de la Vierge, il pourrait l'éprouver. La Vierge, symbole d'humilité, est confrontée au Lion, symbole du moi extériorisé dans toute sa splendeur! L'union n'est pas impossible puisque rien ne l'est pour celui qui croit et qui veut! Le Lion devra faire attention à sa «splendeur». Il se sent grand et il lui arrive de faire sentir à la Vierge qu'elle est bien petite et qu'elle ne peut s'élever. La logique de la Vierge peut refroidir le Lion au point que ce dernier prendra la fuite plutôt que de se laisser éteindre. Le Lion ne craint pas l'avenir, il se fait confiance et fait généralement confiance à la vie. La Vierge est prudente et prévoyante! Elle se fait rarement confiance et fait rarement confiance à la vie elle-même. Elle croit très peu que si on s'occupe de nourrir les oiseaux du ciel on en fera autant pour elle!

Elle soupçonne le pire, qui n'arrive pas parce qu'elle a tout prévu! Le Lion ne soupçonne pas le pire, qui n'arrive pas non plus parce qu'il a cru en lui et en sa force, et si jamais un coup dur arrive au Lion il aura encore la force de se reprendre. Il est le symbole du Soleil: qui donc pourrait l'éteindre? Personne et pas une Vierge, il ne laisse faire personne, il vous le dira lui-même. Le Lion est un instinctif, la Vierge, une analytique. Ils arrivent au même résultat, la différence c'est que le Lion l'a senti tout de suite tandis que la Vierge a activé tout son système d'analyse et parfois elle s'est presque rendue malade! Pour qu'ils puissent vivre heureux ensemble, la Vierge devra éviter toute critique à l'égard du roi Lion qui n'aime vraiment pas qu'on fasse son procès! Le Lion devra éviter de son côté d'avoir toujours raison et laisser une chance à la Vierge de s'extérioriser à son tour. La Vierge est plus sensible qu'elle ne le laisse paraître et le Lion devra en prendre conscience et quand il a une vérité à dire, le faire avec délicatesse. Et si la Vierge doit faire une critique au Lion, elle doit le préparer d'abord par un compliment et finir avec un compliment. Ainsi tout le monde sera content! Le Lion est le plus souvent un être spontané et la Vierge, une personne qui se retient. Le Lion devra l'encourager à dire ce qu'elle pense profondément et la Vierge ne devra pas s'offusquer devant l'explosion ou les explosions verbales du Lion. Le Lion est un passionné et la Vierge, une raisonnable, la différence est puissante. Avec quelque pratique, le temps faisant bien les choses, le Lion peut devenir un passionné raisonnable et la Vierge, une raisonnable passionnée! Ainsi ils trouveront un terrain d'entente.

Le Lion est porté aux grands drames spectaculaires et la Vierge à une multitude de petits drames intérieurs qui mettent du temps avant d'éclater! Aspects qu'ils devront éviter par l'effort et la bonne volonté! Ils pourraient jouer à cache-cache tous les deux, la Vierge par peur des réactions trop promptes du Lion et le Lion par crainte de voir la Vierge le bouder durant quelques jours... autre aspect qu'il faut à tout prix éviter pour vivre heureux à deux. Le Lion aime les grandes surprises, la Vierge, les petites, mais plusieurs! Le Lion devra donc faire l'effort de surprendre agréablement la Vierge par de petites attentions et la Vierge devra épater le Lion, moins fréquemment, mais par de «grosses surprises» dont celui-ci se souviendra longtemps de toute façon. Ils peuvent faire un grand bout de chemin ensemble, le Lion étant un signe fixe et la Vierge un signe de terre, donc qui s'enracine!

S'il survient une rupture, elle ne sera facile ni pour l'un ni pour l'autre. Le Lion considère le divorce comme un échec, il se dit qu'il a failli à sa mission de se faire aimer ou d'aimer passionnément jusqu'au bout comme son signe fixe le lui suggère. La Vierge, dans son signe double de terre, ne saura plus si elle a raison ou si elle est responsable de la séparation et remuera longtemps au-dedans d'elle-même le cheminement qui l'a menée soit à subir ce divorce, soit à le provoquer. Quand ces deux-là se trouveront à la croisée des chemins comme beaucoup de couples aujourd'hui, ils feront tout leur possible pour ne pas vivre une séparation. Ils peuvent arriver à se réajuster, pour éviter le déséquilibre que provoquent les changements de vie: le Lion, par instinct de la survie du couple et par faim de prolongement, la Vierge, par désir de ne rien brusquer, de ne pas détruire ce qu'elle a mis tant de temps à bâtir.

UNE VIERGE ET
UNE AUTRE VIERGE

La Vierge et la Vierge, deux signes de terre, deux signes mutables, tous deux fort préoccupés par la sécurité, le confort, le travail, l'organisation matérielle. Il ne faut manquer de rien. Ici la logique fait la loi, le raisonnable! Il n'y a rien de plus difficile que de vivre avec son double, mais c'est une grande évolution que ces deux signes identiques peuvent vivre ensemble. Ils ne pourront se reprocher l'un et l'autre d'être trop prévoyants, trop méticuleux! Ils sont sensibles, aussi éviteront-ils de froisser leurs sentiments. Ils ne pourront pas non plus se reprocher d'être trop travailleurs, trop zélés à leur emploi, ou dans leur commerce. Ce peut être l'entente parfaite, sauf si l'un et l'autre commencent à se critiquer et à se faire des reproches. Ils seront subtils mais perçus. Il arriverait qu'au bout de quelques années ils seraient complètement démolis l'un et l'autre!

Peut-être auront-ils un peu de mal à exprimer leurs sentiments. Il faudra qu'ils fassent l'effort voulu et qu'ils ne parlent pas continuellement de ce qu'ils bâtissent ensemble sur le plan matériel. L'union deviendrait vite froide, sèche, sans saveur! Tous les deux sont économes et prévoyants, mais il ne faudrait pas qu'ils se privent de vacances sous prétexte qu'il faut penser aux vieux jours. Les vieux jours arriveraient et ils auraient oublié quelque chose d'essentiel: rire et vivre ensemble. Un peu de fantaisie ne fait pas de tort, mais stimule la créativité. Ces deux signes étant plutôt susceptibles, ils doivent éviter de se piquer. Ni l'un ni l'autre n'exprimera son mécontentement et au bout de quelques années l'union éclaterait dans le plus grand désarroi émotionnel. Ils auraient tout à coup tout à se dire et ça ne serait pas bien joli! Ils ont tous les deux bonne mémoire et un sens aigu du détail! Pour qu'ils soient heureux, ils devront se féliciter et s'encourager à poursuivre les objectifs, ne pas se faire de reproches sur les petits détails qui ne changent rien à l'ensemble de la vie. Ils devront se parler d'amour, de sentiments, avoir des loisirs qui leur permettent de rencontrer différentes personnes, sinon ils se replieraient sur leur sécurité et finiraient par n'y trouver que de l'ennui. Ils devront se rendre service sans jamais faire de calcul parce que, dans la vie, tout finit par s'équilibrer. S'ils ont des enfants, ils devront faire attention de ne pas brimer chez eux le goût de la créativité. Ils se garderont bien de tout prévoir pour leurs enfants, les laissant plutôt choisir. Les enfants pourraient bien ne pas être du signe de la Vierge et désirer une vie plus palpitante, moins mesurée. La vie entre deux Vierges peut être merveilleuse comme elle peut être faite de douleurs et de sacrifices si les deux hésitent à manifester et à décrire leurs profonds besoins. Quand ils se sont rencontrés, ils parlaient d'assurer leur avenir. S'ils veulent vivre un avenir heureux, ils doivent réaffirmer souvent l'amour qu'ils se portent l'un l'autre.

UNE VIERGE ET UNE BALANCE

La Vierge et la Balance sont de bonnes amies; elles sont d'un commerce facile et parlent intelligemment toutes les deux. Quand leurs vibrations se nouent, la Vierge envie le détachement de la Balance et sa capacité d'aimer à certains moments hors de sa raison. La Balance admire le côté spéculateur, organisateur de la Vierge qui sait penser à elle d'abord et avant tout. Étant un signe de Vénus, elle pense amour: «j'Aime». L'autre, la Vierge, pense vivre d'une manière confortable avec la Balance. Ce qui fait quand même toute une différence dans l'organisation de la pensée. D'une nature créative, la Balance a grand besoin d'affection pour produire, faire, agir. Sans l'amour, elle paralyse, ou presque. La Vierge, elle, peut vivre seule et se contenter pendant longtemps d'analyser une situation. Elle est en fait le signe le plus apte à vivre seul, sans dépendance et sans trop souffrir de sa solitude. Elle travaille, elle fonctionne et étant le symbole du travail, c'est souvent ce dernier qui prend toute la place et même celle de l'Amour, celui avec un grand A.

Les deux ne sont pas incompatibles malgré la différence de leur vision sentimentale. La Vierge, signe de terre, s'enracine donc et reste auprès de la Balance même si, de temps à autre, l'exaltation de celle-ci l'agace. La Balance, symbole de Vénus, deux plateaux qui oscillent, pourrait ne pas se sentir bien en présence de la Vierge à un moment de sa vie, mais elle ne partira pas. Elle oscille, le temps passe, l'union se soude de plus en plus, les habitudes sont prises et toutes deux ont appris à se connaître et à se reconnaître intelligemment. Elles peuvent donc en arriver à une discussion sur leur union qui leur permettra de continuer parce que c'est commode pour la Vierge, et que la Balance, de son côté, ne peut vivre sans affection... ce que la Vierge lui donne à la miette, mais certaines Balances s'en contentent parce que, au fond d'elles-mêmes, elles idéalisent plus qu'elles ne vivent leur relation.

La Vierge étant le douzième signe de la Balance, elle symbolise son épreuve. Elle a tendance à freiner l'autre, à la retenir, alors que la Vierge pousse la Balance à l'analyse, à la rationalité, au point où cette dernière, qui a déjà un peu de mal à faire confiance aux gens, ne sourit plus que les dents très serrées de peur qu'on lui enlève quelque chose. La Vierge, de par son signe de Mercure, la raison, l'ordre et l'organisation, influencera la Balance à en faire autant et à se consacrer à une carrière plutôt qu'à l'amour. Attention! La Balance est un signe d'air et l'air peut devenir très froid; la Vierge un signe de terre et l'air froid pourrait tout à coup congeler la terre plutôt que de souffler une brise légère qui la réchaufferait ou la rafraîchirait! Quand cela se produit, la séparation n'est peut-être pas très loin. La Vierge est une personne critique, et le plus souvent ses critiques sont d'une extrême justesse. La Balance, dans son signe de Vénus, préfère voir le beau côté de la vie et finit par mal supporter les remarques de la Vierge qui, bien que justes, finissent par miner l'énergie de l'autre. La Balance apporte à la Vierge la certitude de l'amour, des sentiments. Elle lui donne l'occasion de les exprimer d'abord, pour ensuite les vivre. La Vierge n'est pas insensible, elle a simplement peur de livrer le fond d'elle-même, elle pourrait être vulnérable. Et en tant que signe mercurien, elle veut que l'esprit fasse la loi, les sentiments c'est du gâteau au dessert. Ces deux signes s'attirent sur la roue du zodiaque, mais rien ne garantit qu'ils passeront toute une vie ensemble. La Vierge en doute, la Balance espère. Le doute finit par miner l'espoir et l'éloignement commence son ravage.

Pour qu'elles puissent vivre heureuses ensemble, elles devront faire l'effort de faire abstraction toutes les deux de leur passé et vivre la minute présente en route vers l'avenir. Les souvenirs sont tenaces chez l'une comme chez l'autre, elles doivent éviter de se reprocher leurs petits défauts. La Balance ne devra pas dicter à la Vierge son comportement en société, et la Vierge ne devra pas reprocher à la Balance son romantisme et son goût d'être différente, même quand cela s'éloigne de la logique, par rapport à la Vierge naturellement. Toutes deux devront éviter de dramatiser les petits événements ou le placotage qui les empêcheraient d'être l'une près de l'autre puisqu'elles ne parleraient que des autres. La Vierge, en face de la Balance, a tendance à demander à être servie! Par amour, la Balance ne peut refuser, mais au bout d'un certain temps, quand c'est toujours la même personne qui donne... Face à la Vierge, la Balance a tendance à développer une dépendance matérielle, sachant très bien que la Vierge est prévoyante et a de l'argent de côté. Et la Balance pourrait bien s'appuyer non pas sur son autonomie financière mais sur celle de la Vierge et, au bout d'un certain temps, quand c'est toujours le même qui paie...

Il n'est jamais facile de respecter les différences et quand les signes sont juste l'un à côté de l'autre ils se ressemblent, mais sont en même temps très différents l'un de l'autre!

UNE VIERGE ET UN SCORPION

La Vierge et le Scorpion sont très différents l'un de l'autre. La Vierge devine pour l'immédiat et le Scorpion voit à long terme. La Vierge n'arrive pas toujours à saisir le comportement du Scorpion qui, parfois, n'a pas l'air d'agir dans son intérêt, par rapport au jugement d'une Vierge, au moment où il fait quelque chose. La Vierge, pour être sûre de quelque chose, doit toucher et le Scorpion se contente souvent de ressentir et de croire. Ce sont deux angoissés, mais d'une manière différente: la Vierge s'en fait pour une foule de détails, le Scorpion, pour l'ensemble de la vie, la sienne et celle de ceux qui l'entourent.

Le Scorpion est direct dans ses opinions, il ne cherche pas à flatter. La Vierge «tourne autour du pot», ne veut pas tout dire au cas où elle devrait penser autrement dans quelque temps. Le Scorpion émet son opinion et s'il doit en changer, il se prononcera de nouveau en ajoutant que tout le monde a bien le droit de se tromper. En amour le Scorpion s'engage, il aime ou il n'aime pas. La Vierge s'engage en se réservant une porte de sortie. Le Scorpion le sait. Aussi, devant les hésitations de la Vierge comprend-il qu'il ferait bien de rester prudent sauf que, s'il devient prudent en amour, il y a danger qu'il prenne carrément la porte et ne revienne plus jamais.

Il n'aime pas la moitié d'une passion, il la veut totale, tout comme il se donne, il veut qu'on lui apporte la même part d'amour et de passion. En face de la Vierge, il est tolérant. Lui-même étant un angoissé, il comprend très bien les craintes de la Vierge. Seulement, quand les craintes se font quotidiennes, à répétition et sans fin, lui qui n'a que des phases de questions sans réponse, se lasse d'entendre continuellement les plaintes de la Vierge. La Vierge finit par demander continuellement l'approbation du Scorpion qui, lui, s'impatiente de ne pas être entendu. La Vierge admire la force et le courage du Scorpion qui, étant signe fixe, guide solidement le bateau de la vie sur lequel ils ont embarqué. Le Scorpion aime la conversation de la Vierge qui parle beaucoup et de tout. Il aime ses idées, même si elle ne les met pas toujours à exécution. La Vierge étant un signe de service, si elle admire le Scorpion, elle pourra le servir dignement et lui vouer une grande affection, et peut-être bien que le Scorpion finira par éveiller la passion de la Vierge et peut-être bien que la Vierge finira par démontrer au Scorpion qu'il vaut mieux doser que de faire une indigestion. La Vierge peut enseigner la prudence et la patience au Scorpion, et celui-ci faire comprendre à la Vierge que la spontanéité a sa place et qu'elle est bien humaine. S'il survient une séparation entre les deux, après qu'ils se soient aimés, il en restera toujours une amitié et un respect mutuel. Tous les deux sont trop intelligents pour se détruire. Une séparation, ça fait bien assez mal comme ça! Ils auront du mal à se séparer, le Scorpion étant un signe fixe et la Vierge un signe de terre qui prend racine.

UNE VIERGE ET UN SAGITTAIRE

Étrangement, ils se rencontrent. Au départ, ils ne sont pas faits pour vivre ensemble. Le Sagittaire n'a pas peur de l'insécurité, de l'aventure. Il est le signe de l'expansion, de l'exagération, tandis que la Vierge, au contraire, limite, restreint, calcule, analyse et porte attention à toutes les petites choses devant elle. Pourtant, de nombreux couples Vierge et Sagittaire vivent ensemble et sont heureux. La Vierge s'est laissé épater par l'aventure et le Sagittaire a appris à se modérer pour vivre un meilleur équilibre. Là où ils ont le plus d'affinités, c'est sur les valeurs morales. La Vierge, constamment à la recherche de la vérité, se laisse toucher par la foi du Sagittaire qui croit sans avoir le besoin de voir pour croire. Il réussit à prouver maintes et maintes fois à la Vierge qu'en croyant on soulève les montagnes. La Vierge, de son côté, a démontré au Sagittaire qu'en se préoccupant des détails on fait avancer l'ensemble d'une entreprise et qu'on ne perd pas de temps à tâtonner quand on a tout prévu. La Vierge est le symbole de l'humilité, contrairement au Sagittaire qui s'aime assez bien et qui est conscient de sa valeur et de sa force. La Vierge apprend donc à s'aimer puisque ça réussit bien au Sagittaire, et celui-ci apprend à se laisser découvrir plutôt que d'étaler ce qu'il est! Mais rien n'est parfait. La Vierge est une personne critique. Le Sagittaire ne l'est pas, il prend en général les gens tels qu'ils sont, sans faire d'histoire. La Vierge est subtile dans ses critiques et elle a généralement raison.

Le Sagittaire, qui ne se préoccupe que très peu des détails, pourrait se voir reprocher son manque ici et là et, au bout de trois, dix ou vingt ans, il a la sensation qu'il fait tout mal, et le voilà découragé et ne s'aimant plus... Nous avons là alors le plus triste et le moins productif des Sagittaires! Le Sagittaire peut étourdir la Vierge, il est constamment en action, il a besoin de voir des gens, de se mouvoir, aussi de s'évader seul et d'aller visiter ses amis. Et pour ce faire, il délaisse la Vierge... Mais après quelques années, la Vierge ne le supporte plus. Elle a tout noté dans son carnet intime qu'elle remet sous le nez du Sagittaire, lequel n'en revient pas d'avoir été aussi bête! Il aurait fallu le lui dire tout de suite... seulement, il n'aurait pas écouté. Le Sagittaire a ce petit côté signe de feu: il suit ses impulsions, ses désirs, sans toujours se demander ce qu'on en pense. Il s'aime tellement qu'il en oublie d'aimer les besoins de l'autre! Tous deux s'entendront généralement bien sur le plan de la famille.

La Vierge tient à ce que les enfants soient bien éduqués, et le Sagittaire souhaite qu'ils soient heureux. En combinant les deux, cela fait des enfants heureusement éduqués. Le Sagittaire, s'il veut vivre heureux et longtemps avec la Vierge, devra éviter de froisser les sentiments de celle-ci en disant des vérités trop crûment. La Vierge demande qu'on y pense avant de lui dire quelque chose qui pourrait lui laisser voir ses imperfections. De son côté, elle devra être prête à suivre le Sagittaire dans son aventure autour du monde et se laisser éblouir par tout ce qui est neuf, et surtout ne pas critiquer ce qui est différent de ses valeurs et conceptions!

 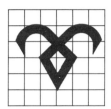

UNE VIERGE ET
UN CAPRICORNE

Deux signes de terre; le Capricorne donne des ordres et la Vierge est de service. Pratiques, ils peuvent bâtir ensemble une entreprise à succès et assurer royalement leurs vieux jours. Deux signes de terre, ça fait tout de même un peu sec... pas d'eau. Les émotions sont enterrées sous le champ fauché de la Vierge ou glacées sur le sommet de la montagne du Capricorne! Ils peuvent finir par trouver la vie ennuyeuse, monotone de jour en jour. Le compte en banque monte toujours, on a fait plusieurs acquisitions, mais on a oublié de s'amuser. On fait des visites obligatoires pour entretenir certaines relations, ça peut toujours être utile! Leur monde a tendance à se rétrécir: la famille et eux, les enfants et eux, et quand les enfants quittent le foyer, les voilà seuls l'un en face de l'autre. Il faudra alors qu'ils s'inventent un nouveau travail commun, se fixent un nouvel objectif concret. Finalement, la vie coule facilement entre eux, ils sont trop raisonnables et trop sages pour s'affronter, puis il est inutile de dire à l'autre ce qu'on n'aime pas de lui, ça n'y changerait rien, et chacun de son côté pense de cette façon...

La vie continue et on s'ennuie de plus en plus. Le couple peut durer toute une vie: ils se rendront des services, seront présents l'un à l'autre, auront des attentions physiques matérielles, éviteront le plus possible de dire tout haut leur fantaisie, leurs besoins intérieurs car ils ne voudraient pas passer l'un en face de l'autre pour des personnes capricieuses ou déraisonnables! Fort heureusement, en vieillissant, le Capricorne commence à rajeunir et à exprimer plus librement sa pensée, ce que la Vierge appréciera. Enfin, un autre genre de communication! Et voilà que, sur le tard de leur union, commence le plaisir! Ils se donnent le droit d'être fantaisistes, de faire des choses pas comme les autres, de voyager, de dépenser. Ils ont bien assez amassé, il est alors temps de se faire plaisir et ça leur va très bien! Ils pourront se dire qu'il leur a fallu toute une vie pour être parfaitement à l'aise dans leur peau! Quand le Capricorne rajeunit et que la Vierge se décontracte, rien ne peut plus les arrêter, c'est la fête continue et leur anniversaire tous les jours. Ils feront certainement causer le voisinage. Que leur importe, ils s'aiment et ils ont bien le droit de s'aimer différemment des autres...

 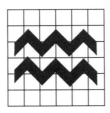

UNE VIERGE ET UN VERSEAU

Ils sympathisent immédiatement. Deux génies qui se rencontrent... ou la folie! Ils causeront beaucoup ensemble, leurs vibrations les provoquent à la multiplication des idées. La Vierge est généralement une personne raisonnable et le Verseau en a l'air! Elle sent qu'elle pourra vivre une grande excitation avec le Verseau, elle ne repoussera pas sa soif d'innovation. Elle est un signe double, mutable, qui prend parfois la fuite ou a besoin de s'évader pour se retrouver. Le Verseau, signe fixe, est le dictateur du zodiaque, mais sans en avoir l'air. Il prêche l'humanisme! Son message, la plupart du temps, est «justice, liberté, égalité pour tous, mais moi au-dessus!» Voilà que la Vierge s'est attachée au Verseau. Elle est amoureuse de l'intelligence, de la raison, et le Verseau en a à revendre.

Personne sensible, bien qu'elle tente continuellement de le cacher, elle ressent immédiatement ce qui la blesse ou lui fait plaisir. Le Verseau est sensible également mais il l'est à retardement! Sous un air jovial et raisonnable, il passe la plupart de son temps à dicter à la Vierge sa conduite. Il y va par comparaison, par progression. Tous les jeux de l'analyse y passent. Il oublie de demander à la Vierge si elle va bien ou mal. Il demande plutôt comment vont les affaires, le travail, telle ou telle personne.

Il s'intéresse à l'humanité, mais il oublie de s'intéresser à la personne qui vit près de lui. Lentement le mal gruge. La Vierge n'en peut plus qu'on ne s'intéresse qu'à ce qu'elle fait. Elle aussi elle est quelqu'un! Il faudrait que le Verseau s'en rende compte. Un jour, la Vierge annoncera au Verseau qu'elle part en voyage, et celui-ci qui peut très bien vivre à distance n'y voit aucun inconvénient. Cependant, au bout de quelques jours, il pourrait se demander si on ne l'a pas quitté. Je vous l'ai dit, le Verseau est si préoccupé par l'avenir et par les gens qui l'entourent, qu'il en oublie le moment présent et ne voit pas la personne qui l'aime désespérément. Étant un signe fixe, il ne démissionne pas facilement quand il s'est engagé. Comment aurait-il pu se tromper?

Et comme tout signe fixe, il prend des habitudes, bien qu'il soit le moins apte à en prendre. La Vierge, étant absente, éveille les émotions du Verseau! Et quand il dira «je t'aime», il ne faudra pas l'oublier et ce sera vrai! Un jeu intellectuel peut exister entre eux, un rapport de forces, une lutte d'intelligence, mais le jeu est malsain. Le Verseau veut dominer et la Vierge ne tient pas à se laisser mener. Signe double, elle aime qu'on respecte sa liberté d'esprit. Elle est critique. Le Verseau manifeste souvent une grande assurance dans ce qu'il croit et il le dit ouvertement, et la Vierge peut y trouver une faille, puis une autre... et voilà que l'un et l'autre se démolissent et c'est la fin. Ils se seront attirés pour ensuite s'éloigner difficilement, la Vierge, profondément blessée de n'avoir pas été aimée, et le Verseau, de n'avoir pu être heureux avec l'autre et les autres. Ces deux signes ensemble peuvent s'éprouver, et c'est parfois de l'épreuve que viennent les grandes preuves!

UNE VIERGE ET UN POISSONS

Ils s'opposent sur la roue du zodiaque. Ils s'attirent aussi, parce qu'ils peuvent se compléter. La Vierge est très préoccupée de ce qu'on pense d'elle, et c'est loin de l'esprit du Poissons qui, lui, ne désire qu'une chose: vivre sa vie à lui et non celle des autres, ni en fonction des autres! La Vierge est une personne de détails, et le Poissons est la représentation de l'Infini, de ce qui n'est plus mesurable! Nous avons donc là deux mondes totalement différents. Pourtant, rien n'est impossible. La Vierge symbolise l'humilité, le service à autrui. Le Poissons est celui qui, en fait, a besoin de se sacrifier et parfois de sacrifier toute son existence à autrui pour se sentir quelqu'un. Dès que la Vierge entre quelque part, elle observe et se dit qu'il faudrait changer ceci et cela. Le Poissons, de son côté, ne se fait jamais juge et peut vivre à peu près n'importe où.

S'ils font ménage ensemble, la Vierge devra s'occuper de tout, ou presque, ce qui est d'ordre matériel, d'organisation d'une vie à deux. Le Poissons ne s'occupe que des sentiments, du monde intérieur. Ce qu'il voit lui importe peu. Ce qui compte, c'est qu'il se sente bien en lui-même et avec l'autre. Il n'a pas toujours les deux pieds sur terre alors que la Vierge, dans son signe de terre, les a assurément. Le fardeau matériel peut être difficile à porter pour la Vierge et si elle néglige le monde des sentiments en se préoccupant trop de la vie matérielle, cela peut rendre le Poissons mal à l'aise à un point tel qu'il fait sa valise. Il est toujours plus indépendant qu'il en a l'air. Il arrive qu'ils ne s'aiment pas à première vue: la Vierge est trop superficielle pour le Poissons, trop mesurée. Le Poissons fait peur à la Vierge qui pressent qu'il pourrait l'entraîner à la dérive sur un océan où elle n'aura plus à se servir de sa logique mais bel et bien de son radar émotif, et ça, ça fait peur à une Vierge qui n'est pas démunie d'émotions, même avec toute sa belle raison. Ils peuvent aussi s'aimer spontanément. La Vierge apprendra au Poissons qu'il faut garder les pieds sur terre pour assurer son existence et qu'il faut achever ce qu'on a commencé. Le Poissons enseignera à la Vierge qu'il faut vivre sur le fil de la vie sans trop se préoccuper de l'avenir matériel, que le ciel fournit toujours l'essentiel et que l'humain se crée plus de besoins qu'il n'en faut au détriment de sa vie amoureuse!

La Vierge et ses ascendants

 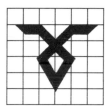 **VIERGE**
ASCENDANT
BÉLIER

Drôle de Vierge, on le croirait à peine, elle est complexée, mais pas trop, même un tantinet vantarde de temps à autre. Elle peut passer bien rapidement de la timidité à l'agressivité et devenir même cynique. Le vocabulaire ne manque pas.

Elle n'en a jamais assez et n'arrive pas à être satisfaite. Elle chiale sur tout et on finit par la trouver bien lourde à vivre!

La Vierge veut la paix, mais le Bélier cherche le défi, le combat. Quelle contradiction! Mais il faut bien vivre avec!

Son esprit d'analyse, doublé de l'énergie rapide du Bélier, lui fait voir et comprendre les choses d'un seul coup. Pas besoin de lui expliquer longtemps, pas même deux fois. Et si vous n'avez pas encore compris, alors qu'elle, elle sait, préparez-vous à entendre des grognements d'impatience. Pas joli à voir, et même fort désagréable!

VIERGE ET SES ASCENDANTS

Ce natif a intérêt à concentrer ses énergies dans des projets constructifs et à rendre service aux autres, plutôt qu'à critiquer. La critique ne change rien à rien, si ce n'est qu'elle ne peut qu'envenimer une situation qui n'est déjà pas reluisante.

La Vierge, pour ne pas nuire à ses amitiés, ferait bien de freiner ses impulsions. Elle risque de se faire des ennemis ou d'éloigner ceux qui voudraient être ses amis.

Elle possède une grande force et une capacité de résistance peu commune. Elle a beau se plaindre, elle est solide. Le sens de l'entreprise est puissant, sous l'effet de la Vierge en signe de terre; le sens de la propriété aussi. Il est donc préférable que cette sorte de Vierge travaille pour elle-même plutôt que de servir un patron dont elle ne tolérerait ni les incertitudes, ni les lenteurs, ni l'impatience.

Ce natif peut se blesser en amour quand il est jeune. Il s'embarque et s'envole dans l'aventure aveuglément. Déçu, il en ressort cassant et sec, comme du bois brûlé!

Cette Vierge-Bélier aime l'argent. Posséder, cela lui donne une sensation de puissance et de liberté. Elle travaillera et gagnera bien sa vie. C'est une débrouillarde.

L'amour est mieux vécu dans la trentaine, quand le calme pénètre sa vie. Quand ce signe s'est assuré de ses biens.

En vieillissant, cette Vierge apprend à faire confiance aux autres et elle ne passe plus son temps à soupçonner qu'on trame quelque chose derrière elle ou contre elle.

Nous avons là une Vierge bien particulière qui suit les courants de la vie et fait en sorte de profiter de chacun.

Sa deuxième maison, dans le signe du Taureau, la rend extrêmement douée pour les négociations. Elle sait ce qu'elle veut et est sûre de l'obtenir car elle est capable d'attendre si cela doit lui rapporter. Cette position de maison la rend fort habile dans les achats de biens immobiliers, de terrains. Son sens de la propriété est aigu.

Sa troisième maison, dans le signe du Gémeaux, en aspect de carré ou aspect négatif avec son signe solaire, lui donne une intelligence très vive, mais le sens du détail et de la critique est encore plus puissant et elle ne se gênera pas tellement pour vous dire que vous lui plaisez ou ne lui plaisez pas. Le sens de la diplomatie peut lui échapper de temps à autre, les mots courent si vite qu'elle n'a pas eu le temps de les contrôler! Pourtant, elle aurait bien aimé, mais c'est dit, c'est trop tard et comme l'orgueil ne manque pas, sous ce signe et cet ascendant, elle peut prendre pas mal de temps à se décider pour s'excuser si elle vous a blessé, mais elle le fera. La réflexion est tout de même puissante, il faut juste lui donner du temps.

Sa quatrième maison, dans le signe du Cancer, en bon aspect avec son Soleil qui symbolise la famille et la mère, notre Vierge a toutes les chances du monde d'avoir eu de bonnes relations avec elle. Encore une fois, cet aspect souligne le sens de la propriété. Cette Vierge a le goût de recevoir chez elle, elle excelle dans les réceptions qu'elle donne. Vous ne manquerez de rien. Elle veillera à votre confort, autant pour se faire plaisir que pour faire plaisir à ses invités. Elle a autant envie d'être chez elle que de vivre en société. Elle sait alterner entre la maison et la vie sociale, l'une rejoignant parfois l'autre.

Sa cinquième maison, celle de l'amour, dans le signe du Lion, le signe qui la précède, donc le douzième signe de la Vierge, symbolise par certains côtés une sorte d'épreuve amoureuse. Notre Vierge quand elle «tombe en amour» ne voit plus clair. Elle est alors envahie par les émotions au point qu'elle pourrait parfois croire qu'elle perdra la raison, mais elle ne la perdra pas. La Vierge, régie par la planète Mercure, l'intelligence raisonnable, fait qu'elle retombe toujours sur ses pieds! Les enfants, quand elle en a, peuvent lui créer des problèmes. Elle les aimera, bien sûr, mais elle voudra les modeler selon ce qu'elle croit être le meilleur pour eux, mais toujours selon elle... Le résultat, parfois surprenant, peut décourager la Vierge puisqu'elle doit assister à une rébellion de la part de ses chers chérubins qui devaient lui faire honneur et être parfaits! Le coeur ne manque pas du tout, bien au contraire. Elle a véritablement «à coeur» leur bonheur, mais toujours selon ce qu'elle est. Elle oublie que les enfants, bien qu'ils ressemblent toujours à leurs parents, sont différents. Ils sont d'une autre époque. La Vierge est une conservatrice et elle pense que ce qui était doit être encore! Ses principes d'éducation sont souvent à réviser!

Son Soleil se trouvant dans la sixième maison, cette Vierge peut être sérieusement attirée par la médecine, le domaine de la santé, le monde des écrits, le secrétariat où elle sera impeccable. Elle est de service mais, comme beaucoup de Vierges, elle attendra que vous soyez vraiment mal pris, que vous soyez presque égorgé pour vous venir en aide, et elle aura alors le plaisir de dire qu'elle vous a sauvé. La Vierge, dans toute son humilité, n'est pas exempte d'égocentrisme. Le souvenir du Lion n'est pas loin: elle a besoin d'être quelqu'un, qu'on la reconnaisse! Toutes les carrières qui demandent de la minutie, de l'intelligence, de l'organisation lui sont ouvertes. Elle peut apprendre n'importe quoi, pourvu qu'elle se sente utile.

Sa septième maison, dans le signe de la Balance, le deuxième signe de la Vierge, lui fait naturellement préférer les conjoints qui ont des moyens financiers au-delà de la moyenne, et le plus souvent, elle trouve son type. L'amour, le mariage, c'est un contrat pratique dans lequel se glissent des sentiments «contrôlés». Pour elle, ce n'est pas toujours dimanche, et le soir, elle doit s'endormir tôt pour être en forme le lendemain afin de produire à son maximum. Mais il arrive qu'elle ait un partenaire qui ne soit pas aussi «calculé», qui aime bien la fantaisie et qui finira par trouver la Vierge trop routinière. Son signe de terre raisonnable peut devenir étouffant. Une relation avec un signe de feu (Bélier, Lion ou Sagittaire): mettez de la terre sur le feu, il s'éteint. Une relation avec un signe de terre (Taureau ou Capricorne): terre-terre, sans eau, tout devient stérile et fort ennuyeux. Une relation avec un signe d'air (Verseau, Balance et Gémeaux): l'air est en haut et la terre est en bas, quand vont-ils se rencontrer? Une relation avec un signe d'eau (Cancer, Poissons ou Scorpion): si à tout hasard il y a trop de terre et pas assez d'eau, rien ne poussera! J'ai dramatisé les relations de cette Vierge-Bélier, mais elle doit surveiller sa propre force. Son signe de terre «Vierge» est le plus Vierge de tous puisqu'il se trouve en sixième maison. Elle aura souvent raison, autant par déduction-intuition que par logique, mais avoir raison sur tout le monde, ne pas voir qu'ils sont différents mais utiles, c'est avoir tort.

Sa huitième maison, dans le signe du Scorpion, lui procure souvent des amis Scorpions qui peuvent lui donner quelques petites leçons, et elle pourra les accepter. D'ailleurs, certains astrologues soutiennent que le Scorpion et la Vierge se ressemblent. Tous deux sont fort astucieux, énigmatiques, et ils peuvent, à l'occasion, tricher sans se faire prendre parce qu'ils ont su calculer d'avance le déroulement de leurs gestes. La sexualité peut être puissante, mais la Vierge, en tant que signe double, d'un côté est permissive et de l'autre, restrictive. Elle recherche en fait le vrai plaisir de la chair, mais si elle a du mal à le trouver, elle est capable de multiplier les expériences, afin de pouvoir analyser ses différentes réactions physiologiques lors d'une rencontre. Faire l'amour avec sa tête... il est bien possible que le partenaire finisse par s'en apercevoir et qu'un beau jour il décide de vivre une autre sorte d'expérience. Notre Vierge-Bélier devra alors se remettre à chercher un autre partenaire pour vivre une nouvelle expérience intellectuelle!

Sa neuvième maison, dans le signe du Sagittaire, en aspect négatif avec son Soleil, lui donne le goût des départs. Il arrive que ses voyages soient décidés précipitamment et qu'elle puisse même laisser tomber des choses importantes qui pourront éventuellement lui nuire. Elle doit surveiller cet aspect. Bien que signe de terre, cette Vierge aura souvent envie de déménager, de changer de décor. Elle pourrait refuser l'aspect invisible de la vie durant une adolescence prolongée, la logique lui interdisant de croire à ce qu'elle ne voit pas, mais elle pourrait bien changer vers l'âge de trente-cinq ans et considérer d'un autre oeil le monde de la philosophie, de l'ésotérisme et de la religion.

Sa dixième maison, dans le signe du Capricorne, la pousse à s'intéresser à tout ce qui est d'ordre social. Ambitieuse, elle compte sur le temps pour se réaliser, si des aspects planétaires dans cette maison l'indiquent. Ce natif pourrait alors atteindre une certaine reconnaissance publique.

Sa onzième maison, dans le signe du Verseau, le sixième signe de la Vierge, lui procure des amis par l'entremise du travail. Notre Vierge en aura très peu en dehors de ses activités professionnelles. Cette position peut la rendre nerveuse quand elle a une idée dans la tête!

Sa douzième maison, celle de l'épreuve, juste en face de son Soleil, est une position dangereuse pour les relations amoureuses qui peuvent engendrer une mauvaise surprise à laquelle elle ne s'attend pas. Son conjoint pourra être malade ou avoir pris la fuite! L'épreuve a son utilité, elle permet d'évoluer, de réfléchir, non plus seulement à ses besoins personnels, mais à ceux d'autrui.

Ce natif, ayant finalement toutes les maisons situées dans les signes qui lui conviennent, peut en arriver plus facilement à l'équilibre. Qui donc ne vit pas quelques excès à certains moments de sa vie? Le ciel de notre naissance est fait pour être dépassé!

VIERGE
ASCENDANT
TAUREAU

Gentil, ce natif est toujours prêt à vous aider pour être agréable, utile. C'est un infatigable travailleur, solide, calme, patient, honnête. Pratique, il ne se perd pas dans les détails et évite de couper les cheveux en quatre, ce qui lui ferait perdre du temps et de l'argent.

Il est persévérant et l'effort ne lui fait pas peur. La Vierge, signe de terre, Taureau, signe de terre, qui donc pourrait être plus pratique, sinon un autre double signe de terre?

La Vierge est régie par Mercure et le Taureau, par Vénus. L'intelligence et la grâce s'allient en finesse, en délicatesse pour autrui.

Ce type a le sens du toucher très développé, il est tendre et sensuel. Si on ne veut pas le suivre dans ses exigences physiques, il se sentira frustré. Il n'en fera pas un drame, mais il pourra dire gentiment que vous ne faites pas l'affaire et qu'il ira ailleurs, et il partira en reprenant tout ce qui lui appartient. Le sens pratique ne lui fait pas défaut. Il n'oubliera pas rapidement une peine, mais il ne s'y accrochera pas. La Vierge étant un signe double, elle sait qu'il y a quelque part une porte de sortie, et la solitude ne lui fait pas peur. Elle la supporte mieux que n'importe quel autre signe.

VIERGE ET SES ASCENDANTS

La solitude peut même devenir pour ce natif un moment de création. Le Taureau à l'ascendant, régi par Vénus, donne le sens de la beauté, de l'esthétique, un goût raffiné.

Ce natif est attiré par le mystère. L'invisible le fascine. Il soupçonne qu'il existe sur terre autre chose que ce qu'on voit, que l'univers dépasse tout ça... Il cherche une preuve, il la recherchera longtemps. Mais il faut tabler avec la foi, et la foi ce n'est pas une preuve. On l'a ou on ne l'a pas. On peut l'acquérir si on la recherche, et la Vierge peut, en vieillissant, faire un effort de ce côté.

Ce double signe de terre peut, malgré toute sa délicatesse, être aussi un être purement matérialiste et calculateur, un «cheap», si de mauvais aspects se trouvent dans sa carte natale.

Alors là il est possible qu'il passe sa vie à ramasser des sous... et finisse par s'ennuyer. Puis viendra ce moment où ce sera plus fort que lui, où il devra servir les autres! Autant dans les affaires matérielles que dans celles du coeur.

Sa deuxième maison, dans le signe du Gémeaux, lui procure souvent deux sources d'argent, et comme il est bon travailleur il arrive qu'il ait deux emplois. Cette position financière peut être dangereuse pour le natif, surtout durant sa jeunesse ou durant la première partie de sa vie. Il oriente mal ses énergies pour assurer sa subsistance, et il est possible qu'il rencontre des gens susceptibles de l'exploiter, mais quand viendra le jour où il aura compris leur astuce, on pourra le reprendre difficilement!

Sa troisième maison, dans le signe du Cancer, aiguise sa curiosité pour tout ce qui dépasse l'oeil. Il sent que la vibration est une chose réelle, il aime étudier tout ce qui touche le domaine de l'esprit, souvent pour son plaisir et pas nécessairement pour en faire un métier. Cette position indique souvent qu'il n'est pas vraiment à l'aise dans son foyer de naissance. On y parle beaucoup, mais on ne mène pas grand-chose jusqu'au bout. Possibilité également qu'il ait reçu de la mère un double message tout à fait contradictoire: d'un côté elle l'incite à vivre selon des principes de vie profonds, religieux souvent, et de l'autre, elle l'invite à ne se contenter que des apparences! Le natif peut s'y perdre quand il est jeune. Il peut vouloir une réussite sociale au détriment de sa vie émotive, puis, tout d'un coup, il décide de vivre selon sa vie intérieure et balancer le côté social! Il mettra un certain temps à faire le point. La Vierge est une nature réfléchie, le Taureau est lent à changer sa mentalité.

Sa quatrième maison, dans le signe du lion, indique ici, surtout avec de mauvais aspects du Soleil et de la Lune, que le natif a pu vivre dans un foyer désuni. Il aura toutefois le plus grand respect pour ses enfants, mais il n'est pas si certain que ceux-ci lui en soient vraiment reconnaissants. Ça peut aller jusqu'à l'ingratitude de leur part, même quand il aura tout fait pour leur créer une vie confortable. Confortable, oui, mais peut-être aura-t-il oublié l'essentiel: donner de l'attention, de l'amour, de l'affection. Si le natif n'en a reçu que très peu lui-même, comment pourrait-il donner ce qu'il n'a pas eu? Mais à chaque génération une nouvelle ouverture d'esprit permet une évolution pour une meilleure qualité de vie.

Son soleil se retrouve en cinquième maison. Possibilité que le natif se prenne pour quelqu'un de plus important qu'il ne l'est, qu'il supporte mal les refus, qu'il soit aveuglé par sa petite personne et son nombril! Il place souvent l'amour au centre de sa vie, mais pas n'importe quelle sorte d'amour: il veut qu'on l'adore! Ce n'est pas peu demander, n'est-ce pas? Il veut briller, être le point de mire. Quel que soit le milieu d'où il vient, il veut la première place là où il se trouve! Chez les mâles Vierge-Taureau, la dictature n'est pas exclue. Chez les femelles, la manipulation amoureuse pour obtenir sa sécurité n'est pas exclue non plus! Ce natif aura bien du mal à être fidèle dans sa relation amoureuse. Il a tellement besoin qu'on reconnaisse tous ses talents, sa force, sa majesté, qu'il lui faut parfois une personne en dehors de l'union régulière pour le rassurer un peu plus sur sa puissance féminine ou masculine. Ce natif ressemble à un Lion bien maladroit. Quand on vient au monde Vierge, on se doit d'être humble, et quand on offre une résistance à sa vraie nature, la nature se rebelle et ceux qui l'entourent finissent par l'exclure de leur vie.

Sa sixième maison est dans le signe de la Balance. Il peut gagner sa vie par des moyens vénusiens: la décoration, l'architecture, bâtiment quand même solide et pratique. Un moyen vénusien symbolise également l'amour. Alors il peut arriver que le natif fasse le trafic de ses charmes ou les utilise pour atteindre ses fins. Les scrupules pour gagner sa vie ne l'étouffent pas. Il rencontre souvent l'amour sur les lieux de travail et il sait fort bien séduire. C'est d'ailleurs une spécialité chez lui. En amour, il aime les personnes de prestige et bien nanties financièrement. Il n'aime pas vraiment payer pour les autres, sauf pour ses enfants. Il sait économiser l'argent qu'il gagne pour ne rien devoir à personne. Il a cet orgueil, et il ne voudrait pas se faire exploiter. Là-dessus il est méfiant. S'il est lui-même un employeur, il devra alors prendre garde s'il ne veut pas se faire exploiter par plus petits que lui. S'il travaille pour un autre, en position subalterne, il aura plus d'un tour dans son sac pour se hisser, un échelon à la fois! Avec de bons aspects de Vénus et de Mercure, il peut être fort doué pour l'écriture, les romans d'amour, par exemple.

Sa septième maison, celle des unions, dans le signe du Scorpion, fait qu'il recherche des partenaires passionnés du sexe et ayant le goût de l'amour physique. La bisexualité est possible, des aspects de Mars et de Vénus le précisent dans la carte natale. Souvent le mariage tourne au vinaigre. La relation se détériore jusqu'au point mort, au point de non-retour. Les femmes qui, en fait, recherchent tout d'abord une sécurité dans le mariage, se font souvent jouer un vilain tour. Leur partenaire, le plus souvent leur premier amour, est une sorte de beau parleur et d'exploiteur, et cela peut aller jusqu'à la violence. Pour les hommes, alors qu'ils ont voulu jouer au dictateur, la conjointe, n'en pouvant plus, quitte, demande le divorce et ça coûte cher à notre Vierge... Mais c'est souvent à partir de là que ce natif commence à changer son attitude dans la vie.

Sa huitième maison, dans le signe du Sagittaire, symbolise souvent une vie sexuelle double et une grande permissivité. Le natif se trouve toutes sortes de bonnes raisons pour se le permettre! Le Sagittaire étant le quatrième signe de la Vierge, il n'est pas rare que le natif ait vécu des choses étranges en rapport avec la sexualité dans son foyer naturel ou à cause de l'entourage familial. Avec de mauvais aspects, le natif a pu subir des assauts sexuels ou être témoin de scènes pas trop édifiantes en ce qui touche le monde de la sexualité.

Sa neuvième maison, dans le signe du Capricorne, apporte la grande sagesse à la maturité. Cette position peut permettre au natif de fréquenter des gens qui occupent un poste élevé au sein du gouvernement. Il a d'ailleurs l'oeil pour reconnaître ceux qui ont du pouvoir. Il aura davantage le goût de voyager à la maturité. Un deuxième mariage peut survenir tard dans sa vie bien au-delà de la quarantaine. Les femmes de ce signe se sentiront toujours plus en sécurité avec un homme beaucoup plus âgé qu'elle. Les hommes, pour un second mariage, pourraient attirer une personne sage et qui leur donnerait de bonnes leçons sur l'art de bien vivre sans avoir besoin d'épater.

Sa dixième maison, dans le signe du Verseau, symbolise une carrière uranienne, et les aspects d'Uranus dans la carte natale spécifient jusqu'où le natif se rendra. Il aimera le contact avec la foule et il est possible qu'il travaille avec des groupes de gens. Bien qu'ils aient l'air traditionnels, ces natifs ne le sont pas toujours. Ils ont leur petit brin de folie qui, parfois, peut aller jusqu'à la phase dépressive dont ils sont capables de se relever plus aisément que beaucoup d'autres signes. Cette dixième maison, dans le signe du Verseau, permet différents types de carrières, artistique ou théâtrale, par exemple. La radio, la télévision, le cinéma offrent également des possibilités. La machine moderne peut être un gagne-pain et, par la voie d'Uranus, l'électricité, les ordinateurs. L'esprit, je l'ai dit, est brillant, mais il y manque parfois un équilibre émotionnel que le natif finira par acquérir au cours des différentes expériences que lui réserve la vie. La Vierge étant le huitième signe du Verseau et le dixième de l'ascendant Taureau, cela indique que la sexualité est parfois débridée. Une Vierge qui n'a pas reçu de grandes directives morales dans sa jeunesse peut s'adonner à la prostitution pour gagner sa vie. Le plus souvent le natif tiendra très secret ce volet de sa vie. Cette même position qui entraînerait le sujet à la prostitution peut également provoquer un trouble mental profond.

Sa onzième maison, dans le signe du Poissons, lui procure des amis qui viennent de tous les milieux. Et si de mauvais aspects de Neptune et d'Uranus apparaissent dans sa carte natale, il pourrait bien se retrouver en face de gens qui ont un penchant pour le banditisme, la drogue, l'alcool, bref des amis qui ne lui procureraient qu'illusions et déceptions. Ce natif sait s'adapter facilement et on n'a pas de problème lorsqu'il s'agit de le changer de milieu. Il suffit qu'il fréquente les bonnes personnes pour qu'il soit alors lui-même mieux qu'elles. La Vierge a un grand sens du dévouement. Les bons aspects de la onzième maison pourraient indiquer qu'elle serait portée à vouloir sauver l'humanité et tous ceux qui sont dans l'embarras.

Sa douzième maison, dans le signe du Bélier, est la maison de l'épreuve. Fort heureusement, les épreuves peuvent être de courte durée, et le sujet aura toujours la chance de se sortir des mauvaises situations. Il pourra même, au cours des ans, vivre une transformation totale de son être au point que ceux qui l'ont

VIERGE ET SES ASCENDANTS

connu ne le reconnaîtront plus tellement il aura changé. Le Bélier représente la tête, ce qui fait que l'épreuve en est souvent une de l'esprit. Mal penser, c'est mal vivre, vivre dans la peur, c'est faire échouer ses rêves. Le ciel le protège et lui facilite des rencontres qui lui permettront s'il vit mal, de se réformer, de faire peau neuve. L'ascendant Taureau lui permet de conserver une apparence jeune et lui donne le goût de se sentir jeune. Même s'il traversait toute une série d'épreuves il s'en sortirait avec un minimum de cicatrices!

 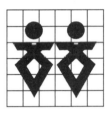

VIERGE
ASCENDANT
GÉMEAUX

Nous avons ici une personne susceptible de troubler la paix, de critiquer tout ce qui lui tombe sous l'oeil ou sous la dent. La Vierge se doit de détailler et d'expliquer.

Nerveuse, elle rit même pour rien, comme pour se soustraire à elle-même, pour ne pas entendre ses propos angoissants, ne pas leur faire face, les ignorer! Peut-être lui a-t-on dit que son rire sonnait faux! Elle pleure aussi très souvent en silence. Quelqu'un l'a remarqué, elle ne trompe pas tout le monde! Et elle ne voudrait pas se tromper elle-même, elle cherche, elle va de gauche à droite chercher de l'information.

En réalité, cet être doute continuellement de lui. Fait-il vraiment l'affaire au travail ou bien le garde-t-on par pitié? Si jamais la dernière supposition était vraie, cette personne pourrait avoir une violente réaction vis-à-vis de son employeur. Son partenaire l'aime-t-il sincèrement ou passe-t-il son temps à la tromper? Elle peut même ajouter que c'est tout ce qu'elle mérite, car non seulement elle critique, mais elle se critique aussi beaucoup. Il me semble qu'il y a mieux à faire, et puis à force de s'entraîner à la critique on finit par se rapprocher de la haine, et ça ce n'est vraiment pas joli! La raison dans ce double signe de raison vient toujours à la rescousse.

Les projets que ce natif entreprend sont toujours originaux, complexes, coûteux, mais ils voient rarement le jour ou alors à demi! Oeuvre inachevée! Obstacles venant de l'extérieur ou alors le natif a manqué de précision.

Nous avons ici un double signe double, un d'air, l'autre de terre. Si ça ne va pas sur terre, on s'enfuit en l'air, on se remet à rêver, on prend l'avion, on fait un voyage, on change le «mal» de place, ce qui dans la vie ne change pas grand-chose, le mal reste le mal, même quand on l'a changé de place!

La Vierge-Gémeaux a un grave problème: elle ne se donne pas le droit de réussir, comme si elle préférait jouer le rôle de la victime. Mercure lui donne à la fois la puissance et le doute de cette même puissance, il lui donne des élans auxquels elle se met à réfléchir au point de freiner l'action. Personne intelligente, régie par Mercure comme le Gémeaux, ce ne sont pas les idées qui manquent à la Vierge, c'est la confiance. La confiance s'acquiert en se la souhaitant d'abord à soi-même! On se félicite pour les bons coups sans se dire qu'on aurait dû faire mieux, c'est le premier pas à faire pour sortir de cet engrenage de signe double, et puis, si vous commencez ce jeu, vous vous rendrez compte que vous êtes quatre à vous faire des félicitations, et bientôt vous serez prêt à vous accorder une ovation debout!

Et entre le coeur et les intérêts, choisissez le coeur, vous y trouverez un plus grand bonheur! Ou alors trouvez l'équilibre, le juste milieu, vous le pouvez, vous êtes le maître de la réflexion! Double signe de Mercure, double signe de messagers, vous avez tant appris, tant accumulé de connaissances que vous avez le devoir d'en informer ceux qui savent moins.

Sa deuxième maison, dans le signe du Cancer, lui procure parfois de l'argent par l'entremise du foyer. Il arrive aussi que l'éducation que ce natif a reçue en soit une qui mise uniquement sur le confort matériel et le sens de la propriété. Il sera très attaché à sa famille, à son lieu de naissance, et il pourrait même dépendre longtemps de l'opinion du clan familial. Il n'est pas rare non plus qu'il y ait une entreprise familiale à laquelle il participe. Ses amis seront importants, il les considérera comme des membres de sa famille.

Sa troisième maison, dans le signe du Lion, lui donne une facilité de parole et une grande force de persuasion, malgré ses doutes. Le natif aime les idées à la mode, les idées innovatrices, d'avant-garde, tout en voulant rester fidèle à la tradition. Il a le goût du théâtre. Il peut être fortement attiré par un travail d'écriture artistique, et naturellement, comme il est du signe de la Vierge, ce qu'il écrira devra viser à desservir la masse, un groupe, un clan. Doué pour les spéculations qui «lui» rapportent, il se peut que, de temps à autre, il oublie de tenir compte que les autres ont aussi leurs besoins. Ce natif peut avoir deux vérités: une qui plaît, qui flatte, et l'autre qui correspond à la réalité! Il n'a pas l'intention de mentir au départ, mais il ne veut surtout pas s'aliéner l'entourage à cause de ses opinions personnelles qui ne sont peut-être pas celles de la majorité.

Son Soleil, dans sa quatrième maison, le rend habile dans les négociations immobilières. Il est fort probable qu'il s'intéresse de près à la politique, surtout celle qui protège ses intérêts financiers. Ce natif déploie sa sensibilité quand elle concerne le bien-être de sa famille. Ses enfants prennent souvent la première place dans sa vie et le poussent à l'action. En fait, on ne prêche que par l'exemple. Il le fait sans même y penser. Il ne s'est pas rendu compte que, quand il passe à l'action, c'est peut-être bien le fruit de quelques années de cogitation, d'un remue-ménage intérieur, d'une recherche qui le pousse à vivre au-dehors, au service de la société. La Vierge est une personne disciplinée qui impose sa discipline par l'exemple et par la parole. Le plus souvent elle possède un vocabulaire persuasif, logique, capable de faire abstraction des sentiments dans des situations qui l'exigent, seulement elle peut tout aussi bien faire le contraire à l'occasion! Mais il est impossible à tout humain de vivre longtemps sans le support de l'émotion qui, en fait, anime le fond même de l'âme humaine.

Il y a chez ce natif une sorte de contradiction: d'un côté il réfléchit et voudrait tout simplement n'être que le témoin des mouvements sociaux, puis tout à coup, vu sa double nature mercurienne, il faut qu'il parle, qu'il prenne la parole, qu'il occupe une place, une place importante, une place de chef. Le destin, avec de bons aspects de la Lune et de Mercure, peut lui donner le pouvoir d'influencer la masse par les écrits et la parole.

Sa cinquième maison, dans le signe de la Balance, lui fait désirer une vie artistique. Le choix peut se faire très tôt avec de bons aspects de Vénus et de son Soleil. Il désire ardemment l'amour mais un amour parfait, équilibré, raisonnable. L'amour au fond survit complètement en dehors de la raison, et c'est souvent quand on ne trouve aucune raison d'aimer quelqu'un qu'on y est alors profondément attaché. Ce natif sera souvent attiré par les partenaires qui oeuvrent dans le milieu artistique ou dans le milieu juridique. Il attire les partenaires qui parlent beaucoup...

Sa sixième maison, dans le signe du Scorpion, troisième signe de la Vierge, lui fait se demander pourquoi, comment, où, avec qui, et encore pourquoi! Ce natif est, en fait, un véritable détective. Il aime la vérité, même s'il peut se laisser prendre par les apparences, la position des maisons lui permettant de vivre une évolution qui lui fera rechercher la vérité, et parfois en «grandissant» il négligera totalement «l'usage de l'emballage des mots» et on le croira alors «non diplomate», dangereux! Personnalité double, aux multiples possibilités, qui peut se livrer à plusieurs jeux, ne sachant de quel côté il doit pencher le plus. Le temps joue en sa faveur, il finit par être lui-même et se faire une place officielle dans un monde officiel.

Sa septième maison, dans le signe du Sagittaire, risque de provoquer une rupture, surtout quand il y a eu mariage dans la jeunesse alors que le natif penche du côté du plus fort, du plus beau parleur, qu'il traverse une phase où il est impressionnable, où les réflexions n'ont pas encore atteint la maturité. Ce natif a tout d'abord besoin d'une grande sécurité, autant matérielle qu'émotive. Aussi est-il fort probable qu'au moment où il choisit un partenaire ce dernier lui donne une impression de force quasi surhumaine, (style quelqu'un qui choisit presque un menteur). Le conjoint peut être d'une nature forte, au point que le natif peut se sentir, du moins pendant un certain temps, sur un pied d'inégalité pour ne pas dire d'infériorité, jusqu'à l'heure du réveil, de la révolte! Il faut de très bons aspects de Vénus et de Jupiter pour que le mariage tienne!

Sa huitième maison, dans le signe du Capricorne, symbolise de profondes transformations à la maturité, vers la quarantaine pour les uns et la cinquantaine pour d'autres, tout dépend des aspects de Saturne, de Mars et de Pluton. Encore une fois cette position peut inciter le natif à s'occuper de politique. Son action sera centrée sur le monde de l'argent, de la finance, sur ce qui garantit sa sécurité. Mais comme il vieillit en étant concerné par autrui, il peut fort bien alors se poser des questions sur la sécurité sociale et même appartenir à un mouvement dit politique ou à une association visant la protection d'un groupe de personnes. Ayant sa huitième maison dans le signe du Capricorne, en bons aspects avec la Vierge, il peut vivre fort longtemps et avoir beaucoup à raconter à ses petits-enfants, s'il ne l'a pas écrit!

Sa neuvième maison, dans le signe du Verseau, lui permet de se faire des amis haut placés, surtout ceux qui appartiennent au monde de la communication, ou au monde de la médecine puisque le Verseau est le sixième signe de la Vierge. Ce natif, surtout vers la quarantaine, parfois plus tôt avec de bons aspects de Mercure et d'Uranus, s'intéressera au domaine de la santé. Avant cet âge, il pourra oeuvrer dans ce secteur, en tant qu'infirmière ou médecin. Tout comme cette position indique son intérêt pour tout ce qui touche les affaires sociales.

Sa dixième maison, dans le signe du Poissons, qui lui fait face sur la roue astrologique, indique des traîtrises possibles sur le plan de la carrière. Le natif s'élève, puis tout à coup il fait une chute dont les causes remontent loin... les ennemis ne se faisant pas connaître et faisant exécuter leur travail par d'autres. Il pourra également soupçonner beaucoup de gens de lui en vouloir, à tort ou à raison, tout dépend des aspects de Neptune et de Saturne. Il peut parfois développer des peurs allant jusqu'à la phobie, ou la folie si de mauvais aspects de Mercure et de Neptune interviennent sérieusement. Il voudra à un moment de sa vie, et peut-être très tôt, tout dépend des influences qu'il aura vécues dans son enfance et qui sont représentées par la quatrième maison, sauver l'humanité en ne sachant pas par où commencer.

Sa onzième maison, celle des amis, dans le signe du Bélier, signe martien, lui procure souvent des amis dynamiques. Comme le Bélier est le huitième signe de la Vierge, ces mêmes amis peuvent pousser le natif à suivre telle voie plutôt que telle autre. La pression pourra être très forte sur lui et les aspects de Mars et d'Uranus nous indiquent s'il reçoit ou non de bonnes influences. Il a de nombreux amis, mais qui peuvent disparaître soudainement, être remplacés par d'autres, et voilà que notre natif change de cercle d'influence... la carte nous indique encore une fois si c'est bon ou mauvais.

Sa douzième maison, dans le signe du Taureau, symbole d'argent, douzième signe de son ascendant, indique de l'argent

VIERGE ET SES ASCENDANTS

parfois difficilement gagné, gagné étrangement ou provenant de source cachée et dont le natif bénéficie. Le Taureau étant un signe de Vénus, l'amour, l'épreuve peuvent donc venir de ce côté, mais comme le Taureau entre en bons aspects avec la Vierge, il y a de grandes chances que le natif puisse vivre une vie amoureuse remplie, mais qui comportera une intrigue, une énigme, un mystère, sans qu'il ait par contre à en souffrir.

VIERGE
ASCENDANT
CANCER

Voici une personne bien aimable, qui fera tout ce qu'elle peut pour vous être agréable. Elle a du mal à vivre seule, cette Vierge. Elle a un trop-plein d'affection à donner, et un grand besoin de recevoir.

Elle est timide et il est facile de lui donner des complexes pour qu'elle se referme complètement sur elle-même.

Cet être s'épanouit dans un milieu où il apprend à avoir confiance en lui-même. La famille est importante. Née dans une bonne famille, cette Vierge a toutes les chances du monde de réussir sa vie.

Ce signe est très influençable. Il s'agit d'un mélange d'eau et de terre. Vous pouvez avoir une terre fertile ou boueuse, noyée dans les émotions! Il lui faut éviter toute mauvaise fréquentation, ou de côtoyer un milieu louche, juste pour faire plaisir car elle serait capable de donner son accord — dans un vol à main armée — j'exagère un peu — mais si peu. Le milieu moule ce signe en bien ou en mal.

Un milieu d'alcooliques, de drogués, l'invitera à prendre cette route. Ce signe résiste mal aux tentations.

VIERGE ET SES ASCENDANTS

L'intelligence ne manque pas. Quand il est jeune, vous le verrez souvent premier de sa classe. Il est attentif et travailleur et se plie facilement aux règlements. Mais si on ne sait pas apprécier les efforts qu'il fait, il abandonnera! Vierge-Cancer fait un bon comptable, c'est aussi un imaginatif qui peut exceller dans un art manuel, un art qui rejoint une utilité. Les Vierges ont toujours besoin de se sentir utiles.

Sa deuxième maison, dans le signe du Lion, lui fait désirer un grand confort matériel. Ce natif aime le beau et il a bien du mal à regarder le prix quand il s'agit de se faire plaisir. Comme le Lion est aussi le douzième signe de la Vierge, il arrive que ce natif trouve qu'il n'en a jamais assez, qu'il lui en faut beaucoup pour se sentir en sécurité. Et s'il réussit à en avoir beaucoup, il se sentira encore craintif, il n'en a jamais assez. Il lui arrive de confondre l'amour et l'argent. Par exemple, il aura bien du mal à aimer quelqu'un uniquement pour ses qualités de coeur! Il faudra aussi que la personne de son coeur soit pourvue financièrement et qu'il soit certain qu'on ne lui empruntera pas quoi que ce soit, ce qui pourrait mettre sa propre sécurité en péril. Sensible, il l'est également lorsqu'il s'agit de sa survie, de son bien-être. Il arrive qu'il gagne son argent dans un milieu artistique ou lié aux arts. Ce natif peut être fort habile dans les spéculations à la Bourse.

Son Soleil se trouve dans la troisième maison. Le natif parle beaucoup ou bien il s'enferme dans de longs silences. S'il se sent en confiance avec vous, vous saurez tout de sa vie, de A à Z! Il lui arrive de ne pas toujours dire la vérité! Mais il ne le fait pas pour mentir, il ne veut pas contrarier, il veut faire plaisir, il veut être diplomate. Il donne souvent raison au dernier qui a parlé. Il aimera la lecture qui éveillera sa connaissance et lui permettra de se faire des opinions bien à lui. Il aimera le contact avec le public. Il peut faire un excellent vendeur. Doué pour ce qui touche les relations publiques, il sait faire plaisir à chacun, le laisser dire ce qu'il veut et il ne va pas le contredire...

Sa quatrième maison, dans le signe de la Balance, lui procure un foyer qui peut être superficiel. L'entente n'est pas certaine avec la mère du natif. La Vierge respecte sa créatrice, mais n'est pas nécessairement d'accord avec elle et elle aura beaucoup de mal à s'opposer! Il peut arriver que ce natif se marie pour avoir son foyer à lui! Peut-être bien que là on respectera ce qu'il est, ce qu'il dit. La mère du natif est souvent une personne autoritaire qui place son fils en état d'alerte intérieurement; il ne peut répondre, mais il est blessé, et parfois les cicatrices sont longues à guérir.

Sa cinquième maison, dans le signe du Scorpion, les amours, laisse entendre que rien n'est vraiment facile. Il arrive même que le natif se laisse prendre dans une histoire sentimentale qui tourne au drame, qui est compliquée. Il en souffre, mais il n'ose pas quitter. Il a peur de se retrouver seul. Il ne devrait jamais laisser une tierce personne s'infiltrer dans sa vie de couple pour leur donner des conseils. Personne ne peut se mettre réellement à la place de l'autre. Il arrive que ce natif vive quelques épreuves à cause de ses enfants quand il en a. Il peut, sans le vouloir, les étouffer d'amour, les empêcher de s'épanouir selon leur vraie nature, selon ce qu'ils sont.

Sa sixième maison, celle du travail, de la maladie également, invite le natif à évoluer dans divers secteurs de Jupiter et de Mercure: technicien dans le milieu du cinéma, dans une organisation artistique, secrétaire pour un groupe de gens particuliers, originaux même. Cette sixième maison, qui est le quatrième signe de la Vierge, peut permettre au natif de trouver du travail par l'entremise d'un membre de sa famille. De mauvais aspects de Jupiter et de Mercure dans la carte natale peuvent provoquer de fréquents changements d'emploi ou alors un travail qui oblige à de nombreux déplacements. Ce natif a tout intérêt à surveiller son alimentation. Il peut facilement se développer chez lui des problèmes de foie. Il pourrait mal s'alimenter parce qu'il est du genre nerveux et qu'il «mange n'importe quoi»! Puis tout à coup vous le verrez suivre un régime sévère qu'il aura du mal à poursuivre longtemps.

Sa septième maison, celle du partenaire, dans le signe du Capricorne, l'invite à s'associer à des personnes nettement plus agées que lui, qu'il soit homme ou femme. C'est finalement un moyen de trouver la sécurité et la protection dont il a tant besoin pour évoluer.

Si, à tout hasard, ce natif, comme beaucoup d'autres, venait à se marier trop jeune, il pourrait choisir une personne autoritaire, comparable finalement à l'autorité familiale, mais de qui il ne recevrait pas beaucoup de déclarations d'amour, ce qui pourrait l'amener à vouloir s'éloigner, à aller même jusqu'au divorce, mais il lui faudra du courage pour prendre une telle décision! Sa nature sensible a grand besoin de sécurité, et s'il a appris que l'amour est douleur, il pourrait mettre longtemps avant de partir et de se lancer à la recherche du véritable bonheur.

Sa huitième maison est dans le signe du Verseau. La huitième étant le symbole des grandes transformations et le Verseau, symbole du divorce, le sixième signe de la Vierge, nous en arrivons au fait que la vie du natif peut se trouver transformée par un nouveau travail. Il doit surveiller ses relations sexuelles avec une personne de son milieu de travail, ce qui, par voie de conséquence, pourrait aboutir à un important changement dans sa vie. Les aspects d'Uranus, de Mars et de Pluton dans sa carte natale nous indiquent si ces changements lui seront profitables ou non. Cette position indique également que le natif est sujet à vivre des peurs profondes et parfois il aura besoin de secours extérieur pour s'en sortir. La sexualité exerce sur lui un puissant attrait vers «l'essai», il se peut qu'il soit attiré par la bisexualité. Des aspects de Vénus et d'Uranus dans sa carte natale peuvent le confirmer. Sa circulation sanguine est à surveiller, il a grand besoin d'exercices pour équilibrer son corps.

Sa neuvième maison, dans le signe du Poissons, le signe qui lui fait face, le porte parfois à trouver une évasion dans la religion. Il subit facilement l'influence des bons prêcheurs qui sauront le manipuler, même financièrement, une fois qu'il aura donné son consentement. S'en remettre à Dieu, c'est très bien, mais à un Dieu qui demande sans cesse de l'argent, ce n'est pas «catholique»! Si on lui propose l'adoration d'une statue, ce n'est toujours qu'une statue. Dieu n'est pas uniquement dans les églises, ni au milieu de sectes, il est partout, il est omniprésent, et il n'a pas vraiment besoin d'une chapelle... Mais pas de cours de morale! La Vierge-Cancer se laisse prendre à des sornettes, son besoin d'appartenir à une famille est si grand, si impérieux, qu'elle se laisse séduire par les belles promesses, surtout si le foyer de naissance ne lui a pas appris le discernement entre le bien et ce qui paraît l'être.

Sa dixième maison, dans le signe du Bélier, lui fait désirer d'accéder très rapidement à des postes de patron, et notre Vierge est impatiente de ce côté, elle a un vif désir de pouvoir, de domination, de contrôle. C'est pourquoi elle est souvent habile dans un emploi de comptable, cela lui permet de contrôler, en partie du moins, un monde d'argent, de finances. Elle aime se donner une impression de puissance. Elle se sécurise. La chance peut survenir effectivement et elle peut obtenir un poste important, mais elle aura ensuite à faire ses preuves.

Sa onzième maison, dans le signe du Taureau, lui fait préférer naturellement les amis riches, ceux qui ont les moyens, ceux qui vivent au-dessus de la moyenne. La plupart du temps ce désir est satisfait, mais il n'apporte qu'une mince sécurité à la Vierge. Ce ne sont pas les amis qui feront sa fortune, quand même! Avec de mauvais aspects d'Uranus dans sa carte natale, les amis pourraient lui coûter cher! Surprise, ils n'étaient venus que pour se faire nourrir. La Vierge est de service et le côté Cancer a à coeur de faire plaisir pour se faire aimer. Le motif n'est pas mauvais en soi, mais la vraie générosité consiste à n'avoir aucun calcul! Et cela, c'est bien difficile pour une Vierge.

La douzième maison est dans le signe du Gémeaux. Cette dernière étant le symbole de l'épreuve dans un signe de Mercure, il arrive que notre Vierge fasse une dépression! Mais c'est souvent de cette manière qu'elle apprend à être plus forte, à mieux croire en elle-même, qu'elle cesse de penser que les autres feront son bonheur. Il lui arrivera de rencontrer des gens à qui elle se confiera sur-le-champ. Ils l'impressionneront, mais ils ne lui auront pas dit toute la vérité au sujet de ce qu'ils attendaient d'elle. Elle apprend lentement à discerner le vrai du faux. Au départ, elle est naïve comme une enfant, mais elle peut aussi se raconter des histoires comme les enfants et se gaver d'illusions mensongères. Voici un proverbe japonais sur lequel la Vierge-Cancer devra réfléchir pour éviter qu'on la trompe, pour éviter la souffrance...«Quand le caractère d'un homme te semble indéchiffrable, regarde ses amis.» Le langage biblique utilise: «Dis-moi qui tu fréquentes et je te dirai qui tu es». Quand on se fait de nouveaux amis, du moins le croit-on, il faut alors regarder ce qu'ils sont. Cela peut être d'une aide précieuse pour reconnaître la personne elle-même.

VIERGE
ASCENDANT
LION

Voici une Vierge un peu plus compliquée que la précédente. Elle est susceptible. On fait une moquerie et tout de suite elle croit que c'est pour elle. N'est-ce pas un peu égocentrique de croire qu'on s'adresse toujours à elle?

Elle se laisse parfois tromper par les apparences et croit que tout ce qui brille est or, jusqu'à ce qu'elle fasse la preuve elle-même que ce n'est pas toujours vrai!

Le Lion est un signe fixe, la Vierge, un signe double, mutable. Le Lion entraîne la Vierge dans des aventures audacieuses, la pousse à se placer devant, à obtenir un premier rôle, et quand elle l'obtient, elle se demande si c'est vraiment là sa place ou si elle n'a pas commis une erreur!

L'amour c'est compliqué avec ce signe. Un jour, cette Vierge aime passionnément, ne trouve que des qualités au partenaire et s'emballe comme un feu de Lion. Le lendemain, un peu plus Vierge, elle trouve que le partenaire n'est plus tout à fait ce qu'il était la veille. Elle a réfléchi à ses imperfections. Elle les grossit; et à force de ne trouver que le détail désagréable, ce détail finit par engendrer un drame et même un sujet de rupture! S'il y a un sérieux sujet de rupture, elle pourrait décider de tout mettre en oeuvre pour que ça marche de nouveau!

Le mariage est plus souvent «de raison» qu'il n'est une impulsion du coeur, question de prestige, d'avancement, d'avantages financiers, ou désir d'oublier un choc, de fuir un foyer...

Habile calculatrice, elle sait imposer avec plus d'autorité que les autres Vierges ses droits dans les questions de contrat, dans les associations. Rationnelle, logique, elle réussit bien dans les entreprises commerciales, et les contrats à long terme sont à son avantage.

Une Vierge-Lion ne vous fera plaisir qu'après que vous aurez fait quelque chose pour elle, autrement elle ne s'offrira pas à vous aider, à moins que vous ne soyez dans un besoin proche de l'agonie. Son grand défaut, c'est d'arriver au secours de l'autre quand il n'en peut vraiment plus, elle a alors l'honneur de dire qu'elle vient de sauver une vie! Coeur de Lion est ravi des applaudissements!

Comme toute Vierge, vous passez au peigne fin avec elle. Elle vous détaille dans vos moindres replis et, à la moindre alerte, au plus léger soupçon, elle se méfiera de vous!

Avec un ascendant Lion, la recherche du pouvoir est grande, ce pouvoir qui lui permettra de briller, d'être admirée. Les Vierges sont souvent des quêteuses d'amour, mais avec l'ascendant Lion, elles le réclament avec éclat!

Le Soleil se trouve donc dans la deuxième maison, maison de l'argent, la deuxième représentant un signe de terre, le Taureau, régi par Vénus, les contrats, l'amour également, mais cette position étant essentiellement faite de terre, nous avons là une personne calculatrice, prévoyante, astucieuse quand il s'agit de ses finances, débrouillarde pour gagner beaucoup d'argent. Elle ne veut pas dépendre de qui que ce soit, elle a de l'honneur. Cela cache également son goût du pouvoir, et chacun le sait, présentement dans ce monde le pouvoir c'est l'argent, et il appartient à ceux qui en ont. La Vierge, pratique dans son signe de terre, intelligente, régie par Mercure, sait quel moyen il lui faudra prendre pour arriver au pouvoir. La Vierge-Lion fait une excellente administratrice, une bonne organisatrice. Elle attire la sympathie et, le plus souvent, le caractère de Vénus de par la deuxième maison lui donne une belle apparence physique, ce qui est toujours utile pour entrer en contact avec autrui. N'a-t-on pas plus envie de regarder et d'écouter une personne belle qu'une autre qui l'est moins! Ce natif aura du goût pour s'habiller. Il sait exactement ce qui convient à un moment ou à un autre, ce qu'il faut porter. Tout dépend du client, mais il sera ravi, presque conquis. Cette position solaire en fait un bon travailleur, les longues heures ne le rebutent pas, il peut y mettre beaucoup d'énergie quand il s'agit de soigner ses intérêts. La Vierge a pour objectif de se rendre utile, c'est fondamental chez elle. Cette position du Soleil en deuxième maison lui dit que l'on doit payer ses services. Elle saura donc discuter d'argent en toute confiance, son ascendant Lion lui donnant l'assurance qu'elle vaut cher! Et effectivement, cette certitude se répand, on la paie bien et on l'admire de bien se faire payer. Le pouvoir, c'est l'argent, surtout en cette fin du XXe siècle.

Sa troisième maison, dans le signe de la Balance, lui donne une intelligence vive, capable d'apprendre n'importe quoi. La Balance étant le deuxième signe de la Vierge, ce n'importe quoi devra cependant rapporter quelque part. Cette Vierge sera attirée par les carrières artistiques, le monde des communications. Elle a un grand besoin à la fois de discuter de ses connaissances et d'apprendre tout ce qui lui est permis de savoir. L'esprit n'est pas obtu. Au contraire, il est largement ouvert. La Vierge aime parler, échanger. Elle aime aussi impressionner, être originale. D'ailleurs, elle n'est jamais banale. Son ascendant Lion la pousse à se distinguer de la masse et elle y arrive souvent. Cette position crée un léger défaut qui peut finir par agacer les personnes qui la côtoient régulièrement.

Vierge-Lion est à l'écoute. Elle est attentive à ce que vous lui dites. Elle retient par coeur la leçon, si ce que vous lui apprenez est utile. Voilà qu'un peu plus tard le sujet en question revient dans une conversation avec une personne qu'elle veut impressionner. Elle utilisera vos réflexions, vos leçons, comme étant siennes. Et si vous en êtes témoin, vous ne pourrez l'arrêter. Si c'est vous qui lui avez appris ce qu'elle sait, au fond d'elle-même elle est persuadée que c'est elle qui a découvert ce que, en fait, elle ne fait que répéter. Le symbole de la Vierge, c'est l'humilité, mais avec un ascendant Lion, c'est plus difficile à concevoir. Le temps fait son oeuvre.

Sa quatrième maison, dans le signe du Scorpion, représente la mère, le foyer. Il arrive que ce natif soit puissamment encouragé par la mère à se dépasser, à donner une preuve évidente de sa compétence. Le Scorpion étant un signe de destruction, tout autant que de reconstruction, une partie de la vie du natif peut être vécue sous la dépendance psychique de la mère, sans même qu'il s'en rende compte. Le Scorpion étant le troisième signe de la Vierge, la mère poussant le natif à apprendre toujours plus, provoquera naturellement une ouverture d'esprit peu commune. L'autre côté, plus sombre, c'est que le Scorpion peut susciter des états dépressifs que le natif devra surmonter. Sans, encore une fois, s'en rendre compte tout à fait, comme un moyen de survie il voudra quitter son lieu de naissance le plus tôt possible ou s'en éloigner. Le signe du Scorpion étant en bon aspect avec la Vierge, le natif aura eu raison de quitter son foyer pour ne pas se laisser absorber ni influencer... quitter avant de ne plus se reconnaître.

Sa cinquième maison, les amours, dans le signe du Sagittaire, provoque parfois un éparpillement amoureux. Le goût de la conquête n'est pas absent. Il arrive aussi que les amours ne durent que le temps d'une rose. Le natif a envie de passion, puis tout à coup il se ravise... «Je suis Vierge, donc raisonnable.» Dans sa jeunesse le natif peut connaître quelques déceptions. Il voit grand, il idéalise son partenaire, mais n'a souvent qu'une vue de surface. Cependant, cette Vierge avait cru découvrir le grand amour. Parfois c'était son premier... elle n'oubliera pas rapidement. Pour se distraire, elle partira vers une nouvelle conquête. Cette cinquième maison est aussi celle des enfants, position qui peut laisser entrevoir un enfant conçu à l'étranger ou bien que le natif aura un intérêt marqué pour les enfants étrangers. Coeur de Lion et service de Vierge éprouvent une forte attirance à l'endroit de ceux qui souffrent, mais qui habitent loin du lieu natal. Ils voudraient les sauver. La Vierge et le Lion étant souvent des signes de stérilité (naturellement cela doit être confirmé par les aspects de la carte natale) cela pousse le natif à adopter des enfants venant de pays lointains.

Sa sixième maison, celle du travail, dans le signe du Capricorne, lui donne du sérieux dans l'engagement face à ses responsabilités. Ce natif peut travailler pour un gouvernement, ou pour une entreprise bien établie, ce qui garantit la sécurité d'emploi. Le Capricorne étant le cinquième signe de la Vierge, tout en étant ici le sixième par rapport à l'ascendant, confirme encore une fois que cette Vierge peut être fortement attirée par un travail artistique, ou du moins une entreprise marginale où peu de gens s'aventurent. Vierge-Lion se donnera entièrement à son oeuvre quelle qu'elle soit. Elle aime relever les défis et il ne faut pas oublier que l'ascendant Lion adore les applaudissements!

Sa septième maison, symbole du conjoint, de l'union, se retrouve dans le signe du Verseau, également le sixième signe de la Vierge. Il arrive souvent que le natif rencontre l'âme soeur dans l'entourage de son travail. Il recherchera un partenaire qui évolue dans un domaine uranien (Verseau), électricité, espace, ondes radio, télévision, ordinateurs, peut-être même médecine d'avant-garde, philosophie nouvelle sinon révolutionnaire. Cette Vierge-Lion aime se distinguer et exige de son partenaire qu'il se distingue aussi! Elle aura davantage de respect pour lui s'il occupe un poste plus en vue que le sien (qu'il s'agisse d'un homme ou d'une femme, j'emploie le «elle» pour Vierge). Elle aimera un partenaire original, qui parfois opposera une résistance à ses idées, ce qui lui fournira une occasion de plus pour discuter. La Vierge aime parler, elle est régie par Mercure, qui maîtrise le langage autant écrit que parlé. Avec de mauvais aspects d'Uranus dans la carte natale, le mariage peut être menacé. Il est souvent préférable que la Vierge-Lion vive en union libre, sans contrat. L'union peut durer plus longtemps ainsi. Le Verseau symbolisant le divorce, il s'agit d'un signe fixe, alors le natif peut parfois supporter de longues années de mariage avant de se décider à une rupture officielle. La Vierge préfère les cadres, l'organisation (une vie à deux s'organise financièrement) et le Lion à l'ascendant qui supporte bien mal une rupture, car il symboliserait alors pour la Vierge un échec à la fois sentimental et social. Et puis qu'est-ce que les gens vont dire?

Sa huitième maison, celle des transformations, se trouve dans le signe du Poissons. Celles-ci se font à partir des couches profondes du subconscient. Ce natif, à un moment de sa vie, ressent un grand besoin d'appartenir à Dieu. Il reconnaît qu'il n'est pas totalement maître de toutes les situations et qu'il a parfois poursuivi un but égoïstement, sans tenir compte des besoins d'autrui. Il arrive à la Vierge-Lion de vivre sa religion en se livrant à des rites qui n'ont rien de personnel, et voilà qu'elle se rend compte que Dieu ne répond pas à ses prières! Dieu n'est pas une personne à qui on envoie des lettres avec un timbre-retour! Dieu, en fait, c'est l'omniprésence et la reconnaissance de l'étincelle divine en chaque être qui vit. Quand la Vierge-Lion reconnaît enfin cette étincelle divine en chaque humain, qu'elle respecte tous ceux qui vivent sans s'insurger contre les différentes classes sociales ou religieuses, elle se libère. Ce processus de transformation ne se fait pas aisément, surtout quand on est si près de la matière, de sa propre matière. Se donner, c'est se libérer de soi, ne plus appartenir ni à soi ni à personne, c'est ne plus être raciste au sens large du mot.

Sa huitième maison est aussi celle de la sexualité. Le signe du Poissons étant celui de l'infini, de la totale liberté, de la divinité tout autant que de l'élasticité morale, le Poissons étant également le signe opposé de la Vierge, il arrive que la Vierge-Lion vive ses relations sexuelles tantôt avec une grande liberté, tantôt dans la plus totale abstinence. Il lui faut faire le point sur elle-même, ne pas se laisser influencer par la morale des uns et des autres, qui convient à l'un et pas à l'autre. Pour résumer, tantôt elle joue les «bigotes et les dames patronnesses», et tantôt, «les filles légères, les femmes faciles»! Être soi demande une grande réflexion et le seul véritable point d'appui c'est le moi profond.

Sa neuvième maison, dans le signe du Bélier, symbolise la philosophie, la religion, les voyages, la politique. Également la huitième maison du signe de la Vierge-Lion, cela symbolise que les voyages sont souvent décidés précipitamment, qu'ils sont à l'origine de la transformation de cette Vierge. Possibilité qu'un éveil se fasse loin du lieu natal. Elle peut y mettre toutes ses idées en place et sera prête parfois à donner une autre orientation à sa vie. Cette neuvième maison, dans le signe du Bélier, indique aussi que, sur les plans religieux et philosophique, le natif se contente d'explications enfantines et se laisse convaincre par celui qui parle le mieux, le plus fort et qui offre d'une certaine façon le paradis si l'on s'engage dans la foi qu'il loue. La Vierge doit être vigilante face aux faux prophètes et aux idoles qu'on lui propose d'adorer. Elle ne doit pas se laisser leurrer par les apparences. Vierge étant signe de réflexion, ce n'est alors jamais pour très longtemps.

Sa dixième maison, celle de la carrière, dans le signe du Taureau, en parfait accord avec le signe de la Vierge, indique que si la Vierge-Lion décide de faire carrière dans le domaine financier, elle réussira. Il en est de même si elle choisit le domaine de Vénus, les arts. Cette position lui est favorable en ce qui touche les carrières qui ont un rapport avec un public. Cependant cela ne l'empêchera nullement de se poser la question sur ce qu'elle fait: suis-je utile à travers mon oeuvre? La Vierge-Lion qui arrive à briller dans une carrière se demande également si elle a joué la bonne carte. La Vierge est signe d'humilité et le Lion, celui de la grandeur et de la reconnaissance publique!

Sa onzième maison, celle des amis, dans le signe du Gémeaux, en aspect négatif avec le signe de la Vierge provoque parfois des critiques de la part d'amis de la Vierge-Lion. Elle même n'aura pu s'empêcher, à diverses occasions, de critiquer injustement certains points de vue ou certaines personnes, son symbole sous Mercure laissant aussi entendre un puissant sens critique. Il est préférable de prévenir plutôt que guérir. La Vierge a tout intérêt à se tourner la langue plusieurs fois avant d'émettre ses opinions, surtout si celles-ci sont négatives et si on ne lui a rien demandé. La Vierge-Lion ne veut jamais être méchante, elle veut rendre service, et le Lion à l'ascendant veut se rendre important. Mais si on ne lui a rien demandé, la personne en cause se sent visée, moins bonne, et elle reste sur la défensive face à l'autre. Et puis offrir ses services à quelqu'un qui n'en a pas besoin (parce qu'on croit qu'il en a besoin), c'est le placer dans un état de dépendance que personne n'aime vivre! (Matière à réflexion pour vous éviter d'être critiqué.)

Sa douzième maison, dans le signe du Cancer, symbolise la famille, la maternité. Douzième, symbole d'épreuve. Les femmes de ce signe peuvent vivre une épreuve en tant que femme-mère. Possibilité qu'elles n'aient pas d'enfants, elles ont pu refuser d'en avoir ou être stériles. Elles peuvent ressentir un malaise intérieur imputable à ces dernières situations. Possibilité que, durant l'enfance, le milieu familial n'ait pas été un milieu fort, un milieu où la vie n'avait rien de facile parce qu'il y manquait un véritable sens de la communication. Si la Vierge forme une famille, il peut arriver qu'elle ait du mal à vivre totalement satisfaite dans une vie familiale, la trouvant trop étroite, n'y apprenant rien pour elle. Née sous le signe de Mercure, elle a continuellement besoin d'occuper sa tête et son temps pour vivre heureuse, et parfois les enfants ne lui fournissent pas cette matière. La Vierge-Lion a tant besoin d'attention elle-même qu'elle a du mal à donner ce qu'elle n'a pas encore reçu! Les hommes Vierge-Lion, s'il survient une séparation de couple, pourront avoir du mal à voir leurs enfants. Il pourrait leur être difficile de conserver le contact, de le garder intact aussi. Les événements pourraient jouer contre eux en créant l'épreuve de famille, les enfants pour la plupart du

VIERGE ET SES ASCENDANTS

temps étant confiés à la mère. Le père Vierge-Lion devra parfois lutter pour faire valoir sa paternité et le respect de ses enfants. Rien n'est impossible à celui qui croit et qui veut. Comme cette douzième maison est tout de même en bons aspects avec le signe de la Vierge, la Vierge-Lion réussit à passer à travers, mais cela lui aura demandé un peu de courage et d'endurance.

VIERGE
ASCENDANT
VIERGE

Vous avez ici toutes les qualités de la Vierge, comme tous ses excès. Elle peut être routinière, conformiste, réfugiée dans le travail et se soumettre à toutes les règles et lois que la société décrète.

Il y a l'autre Vierge, tout à fait contraire à celle-là: antiroutinière, anticonformiste, paresseuse, n'acceptant aucune restriction et se révoltant contre tout et rien!C'est plus rare, mais ça existe!

Observatrice, elle reconnaît la juste valeur des choses. Ses élans sont retenus, elle a observé tant de lacunes dans le travail qu'elle faisait que c'est tout juste si elle n'a pas envie de recommencer depuis le début! Elle peut même en cours de route oublier son objectif premier et, finalement, obtenir un résultat complètement différent de celui qu'elle espérait. Réussira-t-elle à obtenir satisfaction? Elle seule le sait.

La Vierge-Vierge se sent facilement coupable. Il suffit de lui faire un petit reproche pour qu'elle se mette à se reconnaître un tas d'autres torts auxquels elle n'avait même pas songé précédemment.

VIERGE ET SES ASCENDANTS

Elle veut qu'on l'apprécie. Elle sera présente à vos besoins, voudra vous rendre service au point que vous pourriez finir par la trouver «collante»! Et quand elle vit un rejet, naturellement il est terriblement dramatisé!

En bons aspects, cette Vierge est studieuse, chercheuse, type docteur. Les microbes l'intéressent, et si elle pouvait sauver le genre humain des maladies, quelle satisfaction ce serait pour elle!

Si vous en avez une dans votre vie, prenez-en soin. Elle saura vous le rendre cent fois et soyez certain que, gâté d'affection, vous serez aux petits soins, le service sera impeccable.

Sa deuxième maison est dans le signe de la Balance, symbole des unions; deuxième, symbole de l'argent. Nous avons affaire ici à un type pur de la Vierge, et il est plus difficile de la définir sans la carte du ciel natale avec toutes ses planètes qui indiquent la force, la puissance dont dispose cette Vierge-Vierge. Je vais donc non seulement tenter un essai, mais vous décrire les modèles les plus courants qu'il m'a été donné d'étudier pour la Vierge-Vierge. Nous disions donc que sa deuxième maison se trouve dans le signe de la Balance. Il arrive alors que la Vierge-Vierge soit cette personne que le conjoint entretient! Elle fait donc son argent grâce à une vie de couple. (Cela est aussi vrai pour les hommes que pour les femmes.) J'ai rencontré de nombreux types de la Vierge qui vivaient d'une manière quasi parasite, aux frais du conjoint ou de la conjointe, n'apportant finalement que leur charme et leur sexualité comme paiement de retour. Prostitution légale, diront certains! Mais nous n'avons pas à juger les motifs qui animent les gens, on ne peut que les constater. Chacun est libre de ses choix. L'argent peut également être gagné par les arts, la Balance étant le symbole de l'art, et la deuxième maison appartenant au Taureau, également symbole de Vénus, l'art. Les aspects de Vénus dans la carte natale sont extrêmement importants pour déterminer comment le natif Vierge-Vierge gagnera sa vie. Il m'a été permis de rencontrer des prostituées de ce signe. Vierge étant le signe du vice et de la vertu, ces prostituées vivaient matériellement des besoins sexuels des hommes. Et, chose étrange et admirable à la fois, la plupart de ces types Vierge-Vierge faisaient vivre des enfants et les maintenaient à l'université ou dans des écoles privées afin qu'ils puissent se tailler une place de choix dans le monde du travail qu'ils allaient affronter un jour! Juger une telle personne, c'est se mettre à la place de Dieu, et je n'oserais pas. Mon rôle, de toute manière, n'étant pas de juger mais de constater et de conseiller, si c'est ce qu'on veut de moi. Ayant une planète imposante dans le signe de la Vierge, j'évite donc de donner des conseils avant qu'on ne me l'ait demandé!

J'ai rencontré également plusieurs artistes de la Vierge-Vierge qui gagnent leur vie en travaillant avec beaucoup d'énergie. On peut également rencontrer des avocats ou des avocates de ce signe et de cet ascendant. Ils travaillent le plus souvent dans le domaine financier. De nombreuses secrétaires et coiffeuses ont également ce signe et cet ascendant. La Vierge n'est-elle pas celle qui peut couper un cheveu en quatre? Elles font généralement d'impeccables secrétaires et d'excellentes coiffeuses. En tant que femmes, il leur arrive souvent d'avoir de nombreux arguments avec d'autres femmes: la Vierge est un signe soupçonneux et qui dramatise les petites remarques qu'on peut lui faire. Les hommes de ce signe qui ont cet ascendant, donc qui sont nés sous un double signe féminin, sont le plus souvent des hommes extraordinairement gentils, mais qui doivent continuellement prouver ce qu'ils sont. Être un homme dans notre société, c'est gravir l'échelle sociale et faire beaucoup d'argent! Et ces hommes s'y acharnent jusqu'à risquer parfois leur santé et leur bien-être émotionnel. Ils vivent souvent dans l'anxiété, ils craignent qu'on découvre qu'ils ont aussi une grande sensibilité. Ils sont critiques, mais moins ouvertement; ils ne veulent pas passer pour des «mémères» ou des «plaignards». Alors la critique se fait à un niveau plus subtil, mais on finit par s'en rendre compte et elle peut devenir agaçante pour ceux qui vivent dans l'entourage de ces natifs.

Sa troisième maison se trouve dans le signe du Scorpion. L'intelligence est aiguisée, mais elle peut être portée au négativisme à certains passages de la Lune! Comme la Vierge-Vierge est excessive, si nous avons affaire à une Vierge parfaitement honnête, elle sera portée à dénoncer les intrigues, même quand on ne lui a rien demandé, et cela peut lui attirer quelques foudres. Si nous avons affaire à une Vierge du type malhonnête, nous avons une Vierge-Vierge extrêmement manipulatrice qui joue toujours en fonction du plus fort, qui est prête à écraser les petits pour se faire une place et est aussi prête à mentir! Ce qui, dans un cas comme dans l'autre, ne diminue en rien l'intelligence de cette Vierge. On peut être intelligent et parfaitement honnête, comme on peut être intelligent et parfaitement malhonnête! Tout dépend des aspects de Mercure, de Mars et de Pluton dans la carte natale. Vous aurez du mal à cerner la Vierge-Vierge, elle est plutôt cachottière.

La quatrième maison, dans le signe du Sagittaire, indique souvent un foyer de naissance inconfortable. Le Sagittaire étant en aspect négatif avec la Vierge, il peut y avoir des rapports de force au foyer avec la mère, et parfois aussi avec les frères et soeurs. Ce natif aimera les voyages, les déplacements. Possibilité qu'un changement de résidence durant l'enfance l'ait considérablement affecté. Il aimera vivre à la campagne; s'il est contraint de vivre dans le «béton», il peut devenir nerveux, mal supporter le stress de la ville et développer des petits bobos ou des manies qui minent autant ses facultés mentales et affectives que son physique. Il est possible aussi qu'il soit propriétaire de deux résidences, l'une à la ville et l'autre à la campagne, pour faire le plein d'énergie.

Sa cinquième maison, celle de l'amour, se trouve dans le signe du Capricorne, symbole de Saturne, du froid. L'amour peut être vécu sans grand déploiement jusque tard dans la vie. Le natif a tendance à se concentrer sur le travail, Vierge-Vierge, double symbole de travail, mais aussi double symbole de maladie. Chez la Vierge-Vierge, il s'agira le plus souvent de maladies d'origine nerveuse parce qu'elle s'est privée de sentiments trop longtemps. L'amour peut être pour le natif une chose pratique, en ce sens que l'on se choisit un compagnon ou une compagne parce que la société suggère, à travers une foule de médias, que la vie se vit mieux à deux, en couple, et qu'il est anormal d'être seul! Pourtant la Vierge-Vierge est capable d'une grande solitude sans souffrir. Cette cinquième maison, dans le signe du Capricorne, ne favorise pas ce qu'on appelle la conception. Hommes ou femmes n'ont que rarement envie de fonder une famille, l'objectif étant le plus souvent leur utilité dans la société sur une plus grande échelle. Avec des aspects particuliers de Saturne dans la carte natale, il est possible qu'un enfant soit conçu quand le natif a atteint la maturité, la quarantaine.

Sa sixième maison, celle du travail, se trouve dans le signe du Verseau. Le natif aura besoin de contacts avec le grand public pour bien vivre sa vie. Il pourra occuper des positions uraniennes: radio, télévision, ordinateurs, monde de l'espace, les aspects d'Uranus et de Mercure dans la carte natale nous informent sur la direction du travail de la Vierge. Le signe pur, je l'ai dit plus haut, est plus difficile à définir, il vit en excès. Les excès d'Uranus ont différentes formes, par exemple celle de vouloir dominer à tout prix, même par la violence, violence dans les mots et leurs jeux subtils. Uranus aime contrôler, transformer la masse. Une vie politique est possible sous ce signe. La réussite nous est décrite dans la carte natale. Uranus, au négatif, est manipulateur, intelligent et raisonnable sans émotions, ce qui a pour effet de limiter l'être humain puisqu'il est une composition à la fois chimique et éthérique! Ce natif peut être bon ou mauvais, tout dépend de l'usage qu'il fait de ses forces. Cette sixième maison est celle de la maladie le plus souvent d'origine nerveuse. Le Verseau étant à la fois le signe de la folie ou du génie, les deux à la fois ne sont pas impossibles. On peut donc retrouver des sujets Vierge-Vierge tout à fait géniaux dans un domaine mais complètement dépourvus dans un autre domaine, l'excès étant dans sa nature. Naturellement, il existe de ces natifs qui ont atteint l'équilibre mais, la plupart du temps, ils ont travaillé fort pour l'atteindre et ont demandé de l'aide en toute humilité.

Sa septième maison, dans le signe du Poissons, lui pose quelques problèmes dans sa vie amoureuse. Le natif recherche la personne idéale, qui est souvent le fruit de son imagination. Il découvre quelqu'un qui ressemble à son aspiration, mais, tout à coup, cette personne révèle quelques traits de sa personnalité qui démontrent clairement qu'elle n'est pas parfaite! Déception pour notre natif! Et il s'engage dans un combat subtil pour que l'autre disparaisse de sa vie, s'éloigne, ce qui lui permettra de se mettre de nouveau à la recherche de son idéal! Il arrive aussi, avec cette septième maison dans le signe du Poissons, monde caché, que le natif soit l'amant ou l'amante d'une personne avec laquelle il ne peut partager son quotidien, une personne mariée ou qui a d'autres motifs pour ne pas partager sa vie avec lui. La Vierge étant un signe de terre et se donnant en victime, il arrive qu'elle puisse jouer longtemps le rôle de celui ou de celle qui se cache pour faire plaisir à l'autre et pour montrer en même temps qu'elle est capable de se sacrifier, et de sacrifier même le véritable bonheur! Je ne crois pas qu'on puisse cacher le bonheur. On cache quelque chose dont on se sent coupable, mais pas le bonheur. (Point de vue personnel de votre astrologue, vous en faites ce que vous voulez!) Vierge-Vierge, en tant que signe double préfère l'union libre, ce qui lui donne tout le temps nécessaire pour réfléchir. Double signe de Mercure, dans un signe de terre, double signe de prudence, insécurité matérielle marquée. Cette Vierge-Vierge doit-elle ou non partager ses biens, son temps, son énergie? Il peut arriver que la réflexion dure toute une vie! Si notre natif rencontre un saint, il ferait bien de s'y accrocher! Peut-être qu'il ne repasserait pas deux fois!

Sa huitième maison, celle des transformations, se trouve dans le signe du Bélier, donc dans une position régie doublement par Mars. La huitième maison relève de Mars, tout comme le Bélier. Mars étant l'énergie sexuelle, l'amant, les conquêtes amoureuses, il arrive que la vie de ce natif soit transformée par une relation sexuelle qui peut éventuellement se développer jusqu'à l'amour. Il arrive aussi que le natif, ayant cru qu'il rencontrait l'amour dans une relation sexuelle, se rende compte, une fois la lune de miel terminée, qu'il a fait fausse route. Et voilà qu'il doit rompre son engagement qui entraîne toute une série de transformations qui lui sont profitables. Il doit surveiller ses propres impulsions sexuelles. Il a le don de les refréner longtemps, mais vient un moment où le corps, en ressentant le besoin, le pousse à déguiser le désir physique en amour.

Sa neuvième maison, celle des voyages, de la philosophie, de la religion, dans le signe du Taureau, rend ce natif sceptique en tout ce qui concerne le monde invisible. Il peut même douter de Dieu, ou alors souscrire à une église où l'on croit à une sorte de veau d'or. Le monde matériel exerce une puissante attraction sur lui: son confort est important. Vous aurez du mal à le faire changer d'avis s'il est bien là où il se trouve, parce que ça rapporte. Il est du genre à prier Dieu pour se faire pardonner, mais il ne fait pas souvent le geste de venir en aide à son prochain en qui est contenue l'étincelle divine! Il se sent très peu concerné par son évolution intérieure à moins que des aspects bénéfiques n'interviennent. Il mise beaucoup plus sur la vie sociale, sur le monde extérieur pour faire sa vie. Si tout le monde s'accorde à dire que c'est correct de vivre de telle manière, alors ce doit l'être... On a tué des millions de Juifs, un jour, parce que de nombreuses personnes pensaient que c'était correct de les tuer! Naturellement nous avons affaire à un double signe fixe, plus difficile à décrire. Vous pourriez aussi rencontrer la Vierge-Vierge dans un domaine de service social où elle se donne corps et âme pour aider son prochain parce qu'elle l'aime et le respecte.

Sa dixième maison, celle de la carrière, est dans le signe du Gémeaux, un signe de Mercure «aérien». Cela peut porter le natif à opter pour une carrière où il aura à s'exprimer publiquement, soit à travers des écrits, Mercure signant aussi l'écriture, laquelle peut prendre différentes formes, soit par la parole. Vous pourriez avoir affaire à une Vierge traductrice ou à quelqu'un du monde de la médecine. Le plus souvent ce natif décide de sa voie à l'adolescence et s'y maintient longtemps. Quand on est né dans un double signe de terre, on s'enracine!

Sa onzième maison, celle des amis, se trouve dans le signe du Cancer. La onzième étant symbole uranien, donc d'avant-garde dans le signe du Cancer, symbole conservateur, vous avez alors une Vierge qui ne change pas son style de vie, sa façon de s'habiller, de se comporter aussi facilement qu'elle le laisse paraître. Ses amis seront souvent des membres de sa famille ou alliés aux membres de sa famille. Il causera avec beaucoup de monde, mais il ne se confiera pas facilement. Il pourra vous parler de la pluie et du beau temps, de son travail, mais très peu de ses émotions. Il lui arrive d'avoir l'humeur changeante quand la Lune passe dans le Cancer ou dans le Verseau. Sous le Cancer, il dit qu'il faut se conformer, que nos ancêtres nous ont légué une belle expérience. Sous le Verseau, il est d'accord pour tout changer de fond en comble, les vieilles valeurs doivent être transformées. Il en va de même avec sa onzième maison, il aura des amis originaux, innovateurs et d'autres tout à fait conformistes.

Sa douzième maison, celle de l'épreuve, se trouve dans le signe du Lion, symbole de la passion amoureuse, des enfants également. Il arrive que cette Vierge n'ait pas d'enfants et il existe une possibilité, s'il survient de mauvais aspects avec Neptune et son Soleil, qu'elle ait des problèmes plus ou moins graves avec ses propres enfants si elle en a. Comme souvent l'amour est tenu caché et vécu comme une épreuve, cette même épreuve peut être la part d'évolution du natif. Il se rendra compte que souffrir n'a aucun rapport avec l'amour. (C'est pourtant ce que des siècles de poésie nous ont laissé croire.)

L'empereur japonais Muthuhito a dit ceci: «Sur la plus petite feuille de trèfle scintillent des gouttes au clair de lune. Ni grand ni petit, ni riche ni pauvre n'est privé de l'éclat du ciel.»

 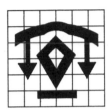

VIERGE
ASCENDANT
BALANCE

C'est une bien jolie personne, à moins de mauvais aspects de Vénus dans la carte natale. Elle se fait remarquer par son charme, son élégance, sa discrétion, son bon goût, ses allures raffinées. Le souci de plaire est grand. Elle a l'air si paisible. un ange... une fée... une magicienne.

Si vous la laissez parler elle vous racontera ses peurs, ses hésitations, elle vous racontera sa vie dans tous ses détails.

Cette Vierge n'aime pas vivre seule, elle préfère la vie de couple. Son premier mariage est souvent un échec, elle s'est engagée trop vite et trop jeune. On l'aura même fait souffrir. Elle a accepté durant un certain temps, puis elle est partie, se donnant le temps de reprendre confiance et de retrouver toute sa raison.

La Vierge est régie par Mercure, la raison, et la Balance l'est par Vénus, dans un signe d'air de raison. Aussi il n'est pas rare que cette Vierge attende longtemps avant de s'unir à nouveau à un partenaire convenable, autant émotionnellement que financièrement, qui ne lui causera aucun ennui et qui ne sera pas non plus un vrai passionné. Elle se sentira alors un peu plus en sécurité et, lentement, elle reprendra son équilibre et retrouvera son harmonie.

Cette Vierge est étrange. Elle imite le plaisir, la joie de vivre, et finit par devenir une personne heureuse. Cette image qu'elle a projetée devient une réalité.

Elle manque du sens de décision. Il ne lui vient que lentement, ce qui lui fait rater de bonnes occasions d'emprunter une route plus sûre et plus payante. Même en amour, elle est capable, à force d'attendre, de le laisser passer, une preuve ou je ne sais quelle démonstration inventée par son imagination.

Elle doit apprendre à se fier à ses émotions et à ses sensations, qui, elles, ne trahissent pas vraiment. Le coeur ne dit que la vérité, il faut alors le laisser parler.

Il faut se garder de sacrifier tout en se rappelant que les intérêts peuvent également être de nature intellectuelle, et pas uniquement financiers. L'intérêt c'est quelque chose que l'on voit, que l'on touche, tandis que l'amour se ressent, est impalpable, est vécu à partir d'une pulsion de l'âme elle-même. Sans amour, quelle triste manière de passer sa vie!

Sa deuxième maison, dans le signe du Scorpion, symbolise l'argent, l'argent des autres. Troisième signe de la Vierge: argumentation pour obtenir de l'argent en fournissant un effort moindre. Cependant, cette Vierge, si elle croit trop longtemps que l'argent tombe du ciel, aura tendance à s'illusionner. Si elle a la chance de venir d'une famille riche, bien sûr que tout est plus facile, mais un jour ou l'autre, à l'âge adulte, il faudra bien qu'elle se fasse à l'idée qu'il faut gagner sa vie. Cette deuxième maison, en Scorpion, crée souvent une obsession pour l'argent: on craint d'en manquer, de ne pas en avoir assez pour se payer ni l'essentiel ni le luxe que la publicité rend si alléchants! Le superflu pourrait être important pour le natif. Certains aimeraient se démarquer de la classe sociale dont ils sont issus. Cette deuxième maison, dans le signe du Scorpion, symbole de la mort et des puissances subconscientes, peut créer une attirance puissante pour tout ce qui touche le monde invisible. Seulement le natif aimerait y toucher ou apporter une preuve que l'invisible est réel. Dans ce monde il faut lutter pour faire approuver une telle vision. La vie étant présentement ce qu'elle est, la preuve de l'existence de la plupart des gens vient de ce qu'ils possèdent matériellement.

La troisième maison, dans le signe du Sagittaire, lui donne envie de tout apprendre. Le problème est d'aller jusqu'au bout. Le Sagittaire espère aller loin, mais la troisième maison lui donne davantage le goût de s'amuser. La connaissance peut alors devenir une sorte de jeu, qui peut être profond ou superficiel. Le natif pourra entreprendre des études universitaires, mais il devra s'entraîner à l'effort pour les terminer. Il a la parole facile, il lui arrive même de dire n'importe quoi, au grand étonnement de ceux qui l'écoutent et l'observent, mais on lui pardonne souvent ses bêtises. On lui reconnaît un certain humour. Il est également capable de rire de lui quand il réalise qu'il se prend un peu trop au sérieux. Ce natif peut faire un excellent professeur; il saura maintenir l'attention de ses élèves comme un bon comédien. Les enfants l'apprécieront car il est honnête, direct dans ses propos, même s'ils ne font pas plaisir à tout le monde. L'adolescence aura pu être difficile, le Sagittaire étant également la quatrième maison de la Vierge. À la maison, beaucoup de promesses ne sont pas tenues à son endroit. La mère a pu également semer la confusion à la fois mentale et émotionnelle chez lui, soit par son absence, soit par abus d'autorité. Des problèmes de communication ont pu surgir à l'insu même du natif, qui n'y a vu que du feu. Naïf au départ, il est comme un enfant toujours émerveillé, mais le temps lui faisant prendre conscience que la vie n'est pas une garderie d'enfants, l'éveil à l'âge adulte peut être douloureux.

Sa quatrième maison, dans le signe du Capricorne, symbolise le père; la quatrième maison symbolise aussi la mère. Nous avons ici une position contradictoire: le père prenant la place de la mère! Et l'inverse peut aussi se produire, selon des aspects spécifiques dans la carte natale. Les aspects de Saturne et de la Lune dans la carte natale nous informent sur le mystère entourant cet aspect. Le natif pourrait être près de son père et vouloir le fuir, être loin de son père et vouloir s'en rapprocher! Le foyer est généralement rigide, les règles y sont établies comme dans un gouvernement. Le natif s'en accommodera s'il y trouve la sécurité matérielle.

Sa cinquième maison, dans le signe du Verseau, indique des amours en mouvement, en mutation. Le natif a du mal à trouver le bonheur. Avec des gens ordinaires, il pourrait vous le dire lui-même, il s'ennuie. Avec des gens originaux, il finit par s'en effrayer, la Vierge ayant toujours un petit côté conservateur. Le Verseau étant le sixième signe de la Vierge, il arrive qu'amant ou maîtresse se rencontrent sur les lieux du travail. Rien ne garantit la durée de l'idylle puisque le symbole du Verseau est la liberté et la non-limitation. Dans sa jeunesse le natif pourra s'amouracher du genre «vivons différemment». La Vierge sera d'accord pour un moment, mais pas pour tout le temps, sa nature terrienne la ramène au «bon sens».

Sa sixième maison, celle du travail, de la maladie également, dans le signe du Poissons, donc juste en face de la Vierge, signifie une opposition qui peut également se traduire par une complémentarité. Il s'ensuit que cette Vierge-Balance peut à un moment de sa vie, précisé par sa carte natale, sombrer dans une sorte de dépression. Elle pourrait se sentir incapable d'atteindre seule son idéal, l'ascendant Balance lui faisant toujours espérer vivre avec une autre personne! Il lui faudra du temps pour apprendre qu'elle peut et doit compter sur sa propre force. Quelques amours déçues, un compte en banque moins gros qu'elle l'avait espéré peuvent la réveiller et l'inciter à se prendre en main. Que cette Vierge-Balance soit homme ou femme, tous deux espèrent l'amour idéal, le prince ou la princesse, et comptent découvrir un trésor qu'ils pourront offrir à la ou au bien-aimé! La vie n'est pas un conte de fées! D'ailleurs, même les enfants n'y croient plus, mais la Vierge-Balance semble s'y accrocher de toutes ses forces. Le réveil est brutal! Cette sixième maison représentant le travail indique que le natif sera le plus souvent attiré par un travail dans le monde médical, ou pour toute forme de médecine ayant trait à l'âme humaine. Le natif de la Vierge voudra comprendre le pourquoi des malaises des gens. Avec de bons aspects de Neptune dans sa carte natale, cela laisse présager un excellent médecin consciencieux, soucieux du bien-être autant physique que moral des gens.

Sa septième maison, dans le signe du Bélier, lui fait croire que l'amour se déclarera spontanément. Elle croit aux coups de foudre! Mais comme le Bélier est aussi son huitième signe, elle pourrait bien justement «tomber», surtout au début de sa vie, sur un personnage qui l'exploiterait! La Vierge ayant le sens du sacrifice, étant un signe de terre, donc prenant racine, pourrait bien s'accrocher à son destructeur, mais un beau jour tout éclate et voilà qu'elle n'en peut plus. Le feu du Bélier l'a brûlée jusqu'à la racine. Cette position indique également que rien n'est perdu, qu'effectivement quelqu'un viendra dans sa vie et la transformera, quand elle sera devenue plus mûre et sélective! Il lui faut pren-

dre garde, quand le Bélier choisit un partenaire, il confond facilement dynamisme et dictature.

Sa huitième maison, celle des transformations, de la mort,
du recommencement, dans le signe du Taureau, indique une
sexualité qui peut être mal vécue. Le natif peut faire semblant
d'aimer la sexualité pour plaire et même multiplier les conquêtes juste pour se prouver qu'il est normal! La normalité n'existe
pas. Certaines personnes ont de grands besoins, d'autres, des
moyens, et certains ont des besoins moindres. C'est un peu
comme l'appétit: on peut aimer manger beaucoup, moyennement
ou juste un peu! Les hommes de ce signe peuvent utiliser leur
sexualité pour se faire aimer, tout comme les femmes peuvent
le faire. Le but n'est pas de faire de l'argent avec son «sexe», mais
de s'attacher quelqu'un. Ce natif supporte mal la solitude sentimentale. Il pourrait bien se faire jouer un tour par ses partenaires, qui, au début d'une relation, peuvent s'enflammer
sexuellement pour lui puis, tout à coup, une fois la conquête réa-
lisée, le priver! Quand ce natif prend la décision de faire peau
neuve, de vivre autrement quand il n'est pas satisfait, il peut maintenir sa décision et s'enligner vers le bonheur auquel il aspire.

Sa neuvième maison, dans le signe du Gémeaux, maison
des voyages dans un signe de Mercure, laisse supposer que le
natif aime se déplacer par la route, mais qu'il s'éloigne rarement
de son lieu natal, comme s'il avait peur que tout soit changé à
son retour et qu'on ne l'ait pas averti. La nervosité est grande
chez lui. Il a peu confiance en lui et beaucoup trop dans les autres,
à ceux qui disent parfois n'importe quoi mais qui l'impression-
nent. Il aimera se faire dire la «bonne aventure»; bizarrement, il
n'est pas sélectif dans son choix de voyants! Il pourrait bien se
faire dire n'importe quoi et on pourrait même l'orienter dans une
mauvaise direction. Bref, les gens qui parlent autant que lui le
surprennent. Signe de Mercure, ce natif adore les idées nouvelles. Peut-être que l'une d'elles fera son affaire. Un bon conseil
à l'intention de la Vierge-Balance: croyez à vos idées, l'intelligence
vous a été donnée, on a juste oublié de vous accorder plus de
confiance en vous. C'est une leçon que vous êtes venue apprendre sur terre.

Sa dixième maison se trouve dans le signe du Cancer. Position contradictoire au sujet de la carrière. Le natif a bien du mal
à se détacher de sa famille pour se faire une vie bien à lui. Il a
du mal à prendre une décision qui ne concerne que lui. Il se sent

poussé à solliciter l'aide de la famille (père, mère et autres membres) à laquelle il est attaché. Il arrive qu'il fasse carrière dans une entreprise familiale. Le Cancer étant en bons aspects avec la Vierge, le natif y trouve à la fois la sécurité matérielle dont il a besoin et l'insécurité émotionnelle, parce qu'il voudrait pouvoir agir sans la famille! Il est possible que le natif fasse du travail chez lui, dans sa maison; il faut alors consulter la carte natale pour déterminer à quel genre de travail le natif s'adonne.

Sa onzième maison, celle des amis dans le signe du Lion, est également le douzième signe de la Vierge. Il arrive donc que le natif s'illusionne sur ses amis, que ceux-ci abusent de lui, la Vierge étant de service. Il se fie aux apparences plutôt que de se baser sur la réalité. Le proverbe japonais «quand le caractère d'un homme te semble indéchiffrable, regarde ses amis» s'applique bien ici. La Vierge se ferait moins souvent tromper! Le natif aura de nombreuses fréquentations avec des personnes riches, du moins qui ont l'air de l'être... avec des artistes, avec ceux qui se démarquent. Il pourrait les envier et même s'attrister s'il n'arrive pas à être un membre actif de la colonie des «gens qui se font remarquer par un talent spécial»! Un autre proverbe japonais dit que «l'espace d'une vie est le même, qu'on le passe en chantant ou en pleurant».

Le Soleil se trouvant dans sa douzième maison, il arrive que notre natif ne réussisse pas à émerger autant qu'il l'aurait souhaité, pour différentes raisons qui apparaissent dans sa carte natale s'il a de mauvais aspects avec Neptune et son Soleil. Cette position est également karmique, comme si, en fait, ce natif avait déjà tout vécu en tant que Vierge, et qu'il lui fallait maintenant évoluer dans la sphère des profondeurs humaines. La Vierge-Balance se trouve à sa place en médecine, comme psychologue, psychiatre, toutes ces professions qui finalement viennent en aide à autrui, les soignent, les guérissent. Mais il arrive que cette Vierge lutte contre sa nature et néglige d'apporter son aide, qu'elle limite sa générosité. Malheureusement, en jouant contre sa propre nature, elle s'expose à connaître des moments difficiles qui peuvent aller jusqu'à la dépression. Elle s'aveugle elle-même pour ne voir personne, pour s'éloigner de la douleur et de la souffrance qu'il y a à soulager dans ce monde. Elle ne punit personne, son absence n'est pas connue. On reconnaît l'absence d'une personne quand elle «s'efface» après avoir été serviable. Pendant qu'elle aspire au vedettariat et qu'elle y met son énergie, si les choses s'attardent, plutôt que d'attendre, pourquoi n'offre-t-elle pas ses services à ceux qui réclament son aide? Qui sait, il y a bien quelques saintes qui ont laissé leur nom à la postérité! Le Soleil en douzième maison donne à ce natif le choix entre le vice et la vertu, entre le bien et la manipulation d'autrui à son profit. Mais, chose curieuse, s'il choisit la manipulation et la facilité, le destin se chargera de lui faire comprendre que ce n'est pas joli d'abuser des gens, de mentir. Si, au contraire, ce natif accepte, souvent dans une sorte d'abnégation, une vie au service d'autrui, toutes les portes lui sont alors ouvertes, et il y trouvera un bonheur qui dépasse l'humain lui-même, puisqu'il sera un ange de paix et d'amour.

VIERGE
ASCENDANT
SCORPION

Missionnaire ou infernal, agent de paix ou de guerre? Demandez à sa carte natale personnelle. Avec cet ascendant, on ne sait jamais vraiment si la personne est du côté de la lumière ou des ténèbres. Le pouvoir est attirant... La volonté est puissante, la personnalité est forte, elle se maîtrise, elle est lucide et ses critiques touchent la cible en plein coeur!

Elle peut être dure, ne laisser passer aucune erreur susceptible de nuire à son travail, à sa réputation, à ses intérêts. Rien n'arrête l'infatigable Vierge, elle va jusqu'au bout de ses entreprises et elle sait tirer profit de tout ce qu'elle touche.

Si elle doute le moindrement que vous puissiez lui nuire, elle vous enverra une flèche empoisonnée avant même que vous ayez bougé le petit doigt. Mais là elle peut commettre une grave erreur et se tromper, se faire un ennemi, et souhaitons-lui que ce ne soit pas un Scorpion.

Le Scorpion à l'ascendant c'est le pouvoir de la transformation. Les événements de la vie le forceront aussi à se renouveler.

Quand cet être choisira un partenaire, il préférera une personne faible qu'il pourra dominer, manipuler à sa guise. L'ascen-

VIERGE ET SES ASCENDANTS

dant Scorpion donne un goût de sadisme quand ce n'est pas aussi de masochisme. En bons aspects, cette Vierge sera attirée par l'occultisme et l'astrologie, la foi, les mystères. À coup sûr cette personne possède une grande intuition et a un flair pour détecter le faux.

Cette sorte de Vierge fait un excellent détective.

Naître avec un ascendant Scorpion est toujours une lourde responsabilité à assumer. Le natif a en main le pouvoir de construire ou de détruire, les deux l'attirent en même temps. De plus, la Vierge est un signe double: être vicieuse, ou vertueuse, ou les deux à la fois... conseiller l'abstinence... et faire des «parties» à tout casser, du genre orgiaque!

Personne difficile à comprendre, elle ne se laisse pas découvrir, à moins qu'elle ait entièrement confiance en vous. Ce qui peut prendre un certain temps, et seulement quand vous lui aurez donné des preuves de votre authenticité et de votre intégrité.

Pour évoluer, cette Vierge ferait mieux de se consacrer à des lectures sur le bien, sur la spiritualité. Il reste en elle un goût de ne travailler que pour elle, de mettre les autres à son service, bien qu'elle soit en même temps généreuse et que le travail ne l'effraie pas.

Sa deuxième maison, maison de l'argent dans le signe du Sagittaire, signe double, incite le natif à vouloir devenir riche, à souhaiter trouver la chance au coin d'une rue. La maison deux étant celle du Taureau, il peut espérer rencontrer l'amour lié à l'argent, à la facilité. Sagittaire, signe double, ce natif peut aussi gagner sa vie en enseignant. Il peut être un adepte d'une philosophie ou d'une religion dont il peut aussi retirer une compensation financière. Avec cette deuxième maison dans le signe du Sagittaire, l'argent peut être gagné hors de son lieu de naissance. Le Sagittaire étant également le quatrième signe de la Vierge, son foyer peut vivre des bouleversements quand il est jeune, comme s'il pouvait passer de la sécurité à l'insécurité matérielle. L'inverse est également vrai. Le natif a du mal à se sentir chez lui dans son lieu de naissance, il a toujours l'impression d'appartenir à un autre monde, à une autre culture. Il ressent ces choses sans pouvoir les expliquer, et peut-être n'y a-t-il aucune autre explication que celle de croire que sa nature tend vers l'universel et qu'il lui est difficile de vivre avec des frontières. Pourtant il arrive que l'argent le limite, l'empêche de s'évader, d'aller et venir, puis la Vierge étant un signe de terre, il prend racine malgré son signe double.

Sa troisième maison, dans le signe du Capricorne, le pousse à vieillir avant son temps. Il est possible qu'on lui donne des responsabilités au cours de son adolescence alors qu'il n'est pas encore prêt à les assumer. On lui demande de se comporter en adulte, alors qu'il a dans l'âme tous les espoirs et les fantaisies que l'adolescence apporte à chaque individu. Quand on est jeune on a la vie devant soi. Mais cette Vierge peut être placée devant une réalité trop brutale: penser et vivre pour travailler, devenir indépendante. Il a pu y avoir mésentente avec le père: le natif vise une telle chose alors que le père préférait telle autre pour son rejeton. Un malaise dans la communication peut naître, parfois il y aura rupture de contact.

Sa quatrième maison, celle du foyer, de la mère dans le signe du Verseau, est le sixième signe de la Vierge. Il arrive que le natif n'ait pas reçu toute l'affection et toute l'attention dont il avait profondément besoin de la part de la mère. Celle-ci a pu être au travail, soit par force majeure, soit parce qu'elle n'était pas du type à supporter la vie au foyer. Cette quatrième maison dans le signe du Verseau symbolise un attrait marqué pour tout ce qui touche le monde invisible, l'astrologie également. La position de cette maison confirme encore une fois que le natif ne se sent pas bien chez lui, c'est trop étroit. Sa patrie, c'est l'univers. Quand il regarde le ciel et qu'il imagine le système planétaire, il peut lui arriver de se dire que, quelque part, une autre forme de vie est possible, mais il ne partira pas. Il ne prendra pas le premier vaisseau spatial. La Vierge est un signe de terre, elle tient à ses racines, mais elle aime imaginer que c'est peut-être plus facile ailleurs, ce qui la pousse parfois à faire ses valises pour s'échapper vers un autre pays ou faire le tour du nôtre! Ces mêmes pensées l'amènent parfois sur une route où elle rencontre la dépression, l'angoisse. Elle voudrait voir ce qui se cache derrière... mais derrière quoi au juste? Elle n'arrive pas à se l'expliquer... Elle traverse parfois une crise religieuse, se met à douter de Dieu... puis la force du Scorpion lui permettant une régénération, elle admet qu'elle aura beau tout désirer, déployer son énergie dans une direction ou dans une autre, il y a au-dessus d'elle une force plus grande. Comme pour beaucoup d'autres Vierges, ici la crise est plus profonde, la transformation plus durable aussi, elle a vécu pour elle, elle a rendu des services, bien sûr, mais c'était pour se prouver qu'elle était quelqu'un, et un beau jour, il n'y a plus personne devant elle, personne à qui donner ce qu'elle a. Elle se demande ce qu'elle est, pourquoi personne ne lui demande plus rien. Elle a donné machinalement, comme on met de l'essence dans sa voiture, elle a oublié qu'en chaque individu il existe une étincelle divine qu'il faut voir, et que c'est parfois l'étincelle de l'autre qui éclaire sa propre vie. Rien n'est irréversible ni impossible à la Vierge-Scorpion, elle se retrouve et même mieux qu'avant la crise!

Sa cinquième maison, dans le signe du Poissons, juste en face de son signe, rend les amours étranges. Le natif aspire à un idéal amoureux qui est parfois bien loin de la réalité. Il aura des attirances sexuelles soudaines et se ravisera à temps, assuré qu'il s'est trompé. L'effet-choc a disparu. Il peut, durant un certain temps, surtout dans sa jeunesse, se disperser, vivre différentes expériences sexuelles; certains peuvent être attirés par la bisexualité, mais rien n'est définitif avant qu'il prenne le tournant de la maturité. Cette cinquième maison, dans le signe du Poissons, représentant ses enfants, le trouble le guette s'il en a, comme il peut tout aussi bien mettre au monde des saints! Le Poissons étant juste en face de son signe, avec de mauvais aspects de Neptune et du Soleil, le natif peut se détruire par la drogue, par l'alcool ou avec les deux. Il peut s'être donné un idéal de vie si élevé, la cinquième maison en Poissons l'y poussant sans même qu'il en soit conscient, que, n'arrivant pas à l'atteindre, il sombre dans divers états qui peuvent aller de l'obsession à la névrose, mais il en sortira, le Poissons étant en bon aspect, son ascendant Scorpion étant lui aussi en bon aspect avec le signe de la Vierge.

Sa sixième maison, dans le signe du Bélier, est la maison du travail. Le Bélier étant de la nature du Scorpion son ascendant, donc de Mars, il arrive que le natif se consacre en totalité à son travail, à son milieu de travail. Le Bélier étant le huitième signe de la Vierge, il peut se laisser envahir jusqu'à sa propre destruction en mettant toute son énergie à la réussite d'un projet durant la réalisation duquel il fait abstraction de ses sentiments, de sa vie privée. Tôt ou tard le choc se produit et voilà notre natif placé devant un choix: accepter la destruction de son projet ou vivre en respectant la totalité de sa personne: raison et émotion sur le même palier.

Sa septième maison, dans le signe du Taureau, lui fait rechercher comme partenaire une personne artiste ou riche ou les deux, tout dépend des aspects de Vénus dans la carte natale. Il est possible qu'il trouve! Mais il est également possible que le mariage ne tienne pas, l'ascendant Scorpion le portant à se retrouver dans des situations qu'il lui faudra transformer! Et avec le Scorpion, pour transformer il faut détruire! La Vierge ne détruit personne, ce n'est pas son intention, elle se détruit elle, elle se place dans des situations de victime. Le Scorpion, lui, veut le défi pour se prouver qu'il est fort! S'il est fort, il existe. Imaginez alors que notre Vierge-Scorpion s'invente tout un scénario! Elle se place dans une situation de victime, se fait son propre bourreau, se bat contre elle-même pour se prouver qu'elle est forte! Elle l'est!

Sa huitième maison, dans le signe du Gémeaux, signe de Mercure, est le signe de l'intelligence, de la raison. La huitième est symbole de mort, de transformation. Il peut arriver que cette Vierge sombre un instant dans la folie mentale, la dépression. Cependant la huitième maison étant forte, la position de Mercure s'y trouvant, le natif est capable de vivre une transformation complète de son mental, de ses idées.

Sa neuvième maison est dans le signe du Cancer. Cette position crée, encore une fois, le désir de vivre loin du lieu natal, à la campagne également. Ce natif n'est pas des plus conservateurs, même s'il en a l'air. Le plus souvent il a l'esprit ouvert aux cultures autres que la sienne. Si la Lune et Jupiter se trouvent en bons aspects dans sa carte natale, il sera créateur et sa création pourra dépasser les frontières.

Sa dixième maison, celle de la carrière, se trouve dans le signe du Lion. L'aspiration à devenir artiste est puissante, avec de bons aspects de Saturne et du Soleil, le natif y arrive. En cas d'aspects opposés, il devra affronter les obstacles pour gagner. Il a le vif désir de briller pour différents motifs: pour les uns, c'est le pouvoir de l'argent: pour les autres c'est pour parader, dire, c'est moi, voyez! Un travail dans le milieu cinématographique est également possible.

Le Soleil se trouvant en onzième maison peut pousser le natif vers l'astrologie, ou vers toute carrière uranienne dont le cinéma, la publicité, un travail qui permet d'être devant la foule ou derrière, mais l'influençant. L'orientation de la vie du natif se détermine par les aspects de Mercure et d'Uranus. Encore une fois, cette position indique que l'univers est sa patrie, que la limite est difficile à supporter. La Vierge étant un signe de terre, dans la onzième maison, qui représente le Verseau, un signe fixe, quand le natif choisit une voie il peut s'y maintenir longtemps! Cette position uranienne ne favorise pas le mariage légal à moins de très bons aspects avec la septième maison, Vénus et Uranus. Le natif sera une personne si intense qu'il aura bien du mal à se consacrer à deux choses à la fois. L'amour et la carrière sont bien difficiles à vivre de front, les deux à la fois. Cette position peut indiquer une grande permissivité morale, à un moment de la vie, et une grande foi à un autre moment. La vie de ce natif est remplie de mouvements, de va-et-vient, de transformations qui l'amènent ensuite à une évolution telle qu'il peut se permettre de guider autrui. Cette position solaire le pousse à s'intéresser également au monde médical, aux médecines douces, à celles qui guérissent par transfert de vibrations. Il est doué. La position uranienne peut lui donner du génie. On connaît l'envers, la folie, mais la Vierge est régie par Mercure, et si jamais elle se laissait aller à la folie, elle pourrait en sortir. L'ascendant Scorpion la supporte dans sa transformation, ce qui ne va pas sans quelques douleurs: détruire tout un moi pour en laisser surgir un nouveau qu'il faudra encore apprivoiser!

Sa douzième maison, dans le signe de la Balance, signifie que l'épreuve vient de l'union. Elle peut également provenir d'associations financières, la Balance étant le deuxième signe, symbole d'argent, de la Vierge. L'épreuve peut également venir à la fois d'associations financières et du conjoint. La Vierge pourrait également être victime de quelques manigances légales, illégales plutôt, ses ennemis s'appuyant sur la loi pour la chasser d'une association!

Il ne faut pas oublier qu'il arrive à ce natif de rechercher le mariage par intérêt. Une mauvaise surprise peut l'attendre quelque part au détour. Il peut lui arriver de rester seul longtemps: il attend de trouver l'idéal, exige que l'autre soit parfait. Je n'ai encore jamais rencontré personne qui le soit! Si l'un de vous rencontre ce rare spécimen, faites-le-moi savoir! Ce serait un bon sujet d'étude pour mon prochain livre.

VIERGE
ASCENDANT
SAGITTAIRE

C'est une personne fondamentalement honnête, loyale, souriante. Elle aime la nature et les hommes! Elle a toujours une multitude de projets qui soulèvent l'enthousiasme, rationnels quand même, mais peut-être lui faudra-t-il aller au bout du monde pour les réaliser. Qu'importe, sa confiance n'a pas de limite. Malgré quelques doutes qui peuvent l'assaillir, elle a de l'ambition, elle veut réussir.

Ce natif est prêt à aider le monde si ce monde veut bien s'aider! Il ne conçoit que ce qui est propre, pur, juste. C'est un passionné de la perfection! Et remarquablement de la fantaisie, surtout à la période de l'adolescence.

Il est du genre de ceux qu'on aime ou qu'on respecte rapidement, et qui fera tout son possible pour vous être agréable.

Il a le sentiment qu'il peut vous apprendre beaucoup et c'est un peu vrai. Il observe, note et étudie, s'informe de tout. Un jour ou l'autre toutes ces choses qu'il apprend peuvent lui servir, mais comme toute bonne Vierge, il aura du mal à vous donner des conseils que vous ne lui avez nullement demandés. Il l'apprendra parfois à ses dépens, au risque de recevoir une réponse, où on lui dira simplement de se mêler de ses affaires!

VIERGE ET SES ASCENDANTS

Il peut lui manquer le sens de la mesure. Il arrive chez vous, il se sent chez lui, surtout si vous êtes du type décontracté, cela va lui plaire. En tant que Vierge, il est très correct, quasi conventionnel, mais donnez-lui une occasion où l'excentricité, l'originalité sont permises, cette Vierge-Sagittaire sera la personne la plus remarquée, dans toute son originalité. Elle aura su conserver le bon goût, le sens de l'esthétique et ce petit quelque chose de pas commun du tout qui vous fait vous poser des tas de questions toute la soirée. Est-ce une personne réelle ou un personnage de film? Le jeu de certains natifs rapproche du snobisme, ce qui, pour un oeil universel, n'est pas agréable à constater. Ils peuvent tout à coup dans un discours discréditer les pauvres, ou ceux qui n'ont pas fait leur marque; snobisme ou manque de jugement, le Sagittaire les fait parler trop vite.

Comme le natif est informé sur tout, il peut parler de menuiserie, tout autant que de films, de poésie ou de cuisine! Il y aura toujours dans ses phrases une tournure qui suscitera un intérêt renouvelé.

Il lui arrive parfois de se placer bien au-dessus des autres, d'avoir la tête enflée! Là il devient désagréable, mais si on le lui fait remarquer, il changera. Il n'a pas envie qu'on le méprise, bien au contraire.

Mercure dans la Vierge, c'est l'intelligence et la raison, l'action aussi de par son signe de terre. Avec le Sagittaire, régi par Jupiter, planète de la chance, c'est l'expansion, les grandes réalisations.

Sa deuxième maison celle de l'argent, dans le signe du Capricorne, la cinquième maison de la Vierge, signifie que l'argent peut être gagné dans le domaine des arts, du cinéma, du théâtre, mais aussi grâce à un emploi au sein d'un gouvernement ou d'une organisation gérée par le gouvernement, les hôpitaux par exemple, ou tout autre travail qui lui donne tout de même une grande responsabilité dans l'organisation du travail lui-même. Sous ce signe, un natif qui aurait un projet pour lequel il a besoin d'appui financier pourra en trouver auprès d'un gouvernement. Il lui sera plus facile qu'à un autre d'en obtenir. Plus il vieillit, plus il songe à l'économie et il n'est pas rare que dans la quarantaine il ait déjà accumulé ce dont il aura besoin pour sa retraite!

Sa troisième maison, dans le signe du Verseau, lui donne une grande facilité de parole. Il peut être comédien, dans la vie comme sur la scène. Le Verseau étant le sixième signe de la Vierge, il n'est pas rare que le natif se retrouve dans des professions où il aura à utiliser le langage écrit tout autant que le langage parlé. La voie uranienne, celle du cinéma, lui sied bien. Il devra toutefois en supporter l'instabilité qui, à certains moments, peut le «mettre sur les nerfs» jusqu'à provoquer des maladies d'origine nerveuse. Ce natif est physiquement résistant mais il peut lui arriver de sombrer durant de courts moments, bien courts d'ailleurs. Il évite de se laisser envahir par la défaite, de se laisser aller au drame. Un autre coup de théâtre, c'est même ainsi qu'il finira par se regarder et il adore se regarder! Cela lui donne l'occasion de réfléchir sur lui-même et éveille en lui une idée de création qui sort de l'ordinaire. Avec de mauvais aspects dans cette maison, le natif est fortement critique, mais sa critique est froide, elle vous juge et peut même vous blesser. De quoi vous geler pour longtemps, et peut-être désirerez-vous vous éloigner de lui pour un temps indéfini.

Sa quatrième maison, celle du foyer, dans le signe du Poissons, signifie qu'un mystère plane sur son lieu de naissance. Vous aurez du mal à le faire parler de sa famille. Possibilité que l'un des parents s'adonne à la boisson. Mais il aime son père, sa mère; il préfère que vous imaginiez ce qu'il a vécu plutôt que de vous le raconter. Il aime s'entourer d'un nuage de mystère en ce qui concerne sa jeunesse. Neptune qui dirige cette maison peut indiquer un foyer où la religion a joué un rôle dans l'éducation; on l'élève le natif dans la foi, mais il peut se révolter contre cette même foi. Le Poissons étant l'opposé de la Vierge, il préférera rationaliser, surtout si un jour il s'est laissé aller à quelques naïvetés qui lui ont coûté cher!

Sa cinquième maison, celle de l'amour, dans le signe du Bélier, donc son huitième signe, provoque des bouleversements propres à égarer notre natif. Il se laissera facilement séduire par les gens d'action, qui bougent, qui ont du moins l'air innovateur. Bref, il tombe en amour trop vite! S'il se marie avant la trentaine, il est bien possible qu'il se soit trompé! S'il y a rupture ou divorce, le natif se mettra alors à courir à gauche et à droite, cherchant ceux qui pourraient peut-être lui rendre ses illusions. Il se laissera entraîner dans toutes sortes d'aventures, surtout d'ordre sexuel. Il pourra faire des promesses qu'il est sûr de ne pas tenir. Il n'aura plus le goût de la fidélité! Et c'est très facile pour ce natif de s'en tenir à ce régime... cela lui enlève un tas de responsabilités auxquelles il ne tenait pas vraiment! Tout se calmera quand il rencontrera de nouveau l'âme soeur. La possibilité de deux grandes unions n'est pas exclue pour ce signe, l'amour, les enfants... et cela ne l'empêchera nullement de suivre la voie sacrée de sa carrière. (Il arrive à certains de ces natifs de faire un choix définitif lorsqu'il s'agit des enfants, il n'en veut pas du tout.) L'ascendant Sagittaire apporte la chance parce que le natif, tout au fond de lui, croit en la lumière! Il croit profondément au bonheur. Quand il m'arrive d'en rencontrer un dans sa phase de découragement, je souris. Je ne puis m'en empêcher! Je sais, à moins qu'il ait la plus horrible de toutes les cartes du ciel à la naissance, et encore là l'ascendant Sagittaire vient tout sauver, que ce natif un jour, dans la trentaine, trouvera, peut-être tout en même temps, l'amour, l'argent, la sécurité, et parfois la gloire! Vierge-Sagittaire ne vous découragez pas si vous traversez une phase difficile, le ciel vous surveille de près et guette l'occasion de vous offrir quelque chose de mieux.

Sa sixième maison, celle du travail, dans le signe du Taureau, donc dans un signe vénusien, fait qu'il est fortement attiré vers les arts ou vers les affaires financières, purement et simplement. Il ferait mieux de ne pas s'associer en affaires ou du moins pas avant d'avoir pris de nombreuses précautions et d'être certain de la personne avec qui il fera alliance. Le destin du côté du travail lui réserve toujours de nombreuses surprises qui, en fait, lui permettent d'évoluer et souvent de dépasser ceux qui étaient déjà en place. Cela est dû à sa grande intelligence, à son sens de l'observation des besoins du client, par exemple, et à son sens des affaires qui se développe en vieillissant. Il ne craint pas le travail et les longues heures, c'est un perfectionniste, un touche-à-tout, l'homme ou la femme orchestre dans le milieu dans lequel il opère. Comment une personne dévouée et acharnée pourrait-elle échouer? Il faudrait presque qu'elle le désire. Nul doute que rien n'est jamais vraiment donné et qu'il faut faire sa part. Ce natif doit saisir toutes les occasions qui s'offrent à lui pour prouver sa compétence, et un beau jour on lui court après parce qu'il est le seul à pouvoir remplir telle ou telle fonction.

Sa septième maison, en fait la plus difficile à vivre pour lui, est celle des associés, du mariage. Il lui arrive d'être si naïf quand il est amoureux qu'il ne voit pas bien les motifs qui animent la personne qui veut vivre avec lui ou l'épouser. C'est un débrouillard et on sait pertinemment qu'avec lui on pourra être en sécurité et on sait également qu'il est prêt à tout faire, pour se faire aimer de l'autre. Il va même jusqu'à tolérer qu'on le trompe. Il peut lui arriver de faire de même, une manière de ne pas souffrir, de ne pas attendre, de se venger consciemment ou inconsciemment. Avec de mauvais aspects entre le Soleil, Vénus et Mercure, il arrive que ce natif soit froid dans le mariage. On n'aura rien à lui reprocher mais au bout d'un certain temps, l'autre, celui qui était amoureux, s'enfuit car il ne faut plus supporter la distance, qui très rapidement devient, au moment d'aller dormir, un endroit réfrigéré, tant et si bien qu'il faut partir pour ne pas mourir congelé.

Sa huitième maison, dans le signe du Cancer, est importante. Les transformations qui se font dans son lieu de naissance le touchent et peuvent même l'affecter. Admettons que le natif ait eu un parent alcoolique. Il voudra peut-être cacher cet aspect de sa vie et ça l'effrayera au point qu'il hésitera à faire des enfants, même s'il est amoureux de son partenaire. Il pourra craindre de bâtir un foyer de peur de le voir s'effondrer. Je vous l'ai dit il cache quelque chose de son passé, de sa famille. Possibilité qu'un ou des membres de sa famille aient eu des problèmes, non seulement d'alcool mais d'ordre sexuel, que le natif tient cachés comme s'il avait honte, comme si c'était sale d'avoir quelqu'un dans sa famille qui avait choisi une route plus difficile! Pauvreté et richesse ont pu également alterner dans la famille du natif. Il le cache.

Sa neuvième maison, dans le signe du Lion, lui permet généralement de voyager en classe de luxe vers les pays de Soleil quand ce n'est pas le travail qui l'y conduit. Malgré plusieurs réussites dans sa vie, ce natif à l'idéal élevé cache souvent une déception: parfois il est arrivé ailleurs qu'où il voulait être; on dit qu'il a réussi, mais pour lui il voulait autre chose et vous aurez bien du mal à le savoir, ça aussi. Ce natif a généralement bon coeur. Il faudrait de bien mauvais aspects sur son Soleil pour en faire un tiède. Mais ça arrive. Et le personnage que vous verrez alors, si vous avez l'occasion de le voir vieillir, sera de plus en plus agressif envers tout ce qui n'est pas fait comme il le souhaitait, à sa façon. Il ne veut pas sortir, ça coûte trop cher... et la vie devient un enfer avec lui. La Vierge ayant une nature critique, si elle s'y entraîne, elle gagne toutes les médailles. Alliée à la puissance de l'ascendant Sagittaire qui grossit tout... conclusion: une Vierge qui grossit et s'élargit dans la critique, ça devient difficile de partager sa vie.

VIERGE ET SES ASCENDANTS

Son Soleil se retrouve en dixième maison, symbole Capricorne, dans le signe de la Vierge, donc double symbole de terre, Capricorne symbole de froid, Vierge symbole de travail, il arrive donc que ce natif consacre une grande partie de sa vie à sa carrière, à son ascension. Il réussira, mais ce sera parfois au détriment de sa vie amoureuse, au détriment de sa santé autant mentale que physique. Nous avons tous le choix de nos vies, l'équilibre n'est pas facile pour aucun de nous, mais il n'est pas impossible si on s'attarde à comprendre ce qui fait notre équilibre. Ce natif peut donc s'enliser dans la routine du travail, il y trouvera de l'agrément, son côté créateur et producteur sera satisfait, il s'assurera le confort matériel et même plus encore, mais il peut en aller tout autrement pour sa vie amoureuse, sa vie émotionnelle. Il peut devenir une sorte de frigidaire. De puissants aspects avec Saturne, le Soleil et Mercure rendent le natif si sérieux qu'il n'a pas le temps pour la tendresse... Le soir il se couche tôt, il doit dormir, demain il doit produire! Vous pouvez deviner les réactions des différents signes face à ce type de personne! Certains s'y soumettent, car ils savent qu'ils sont en sécurité matérielle ou alors l'habitude est prise... mais le bonheur est absent. Disons que c'est l'exception qui fait la règle! J'ai rencontré de ces derniers... je ne vous raconterai pas combien ils affectent leur entourage familial, le conjoint ou la conjointe... c'est triste, une vie sans soleil, toujours en hiver, toujours à préparer sa vieillesse...

Sa onzième maison, celle des amitiés, se trouve dans le signe de la Balance, le deuxième signe de la Vierge. Il arrive alors que ce natif sélectionne ses amis au point de ne choisir que ceux qui ont de l'argent, une belle éducation et un certain standing! Les amis qui ne sont pas dupes finiront bien par s'en rendre compte! Être fréquenté par intérêt n'est pas très valorisant. En bons aspects, cette maison place le natif en contact avec toutes sortes de gens, venant de partout, spécialement avec ceux qui ont voyagé et qui aiment l'originalité. Il attirera les gens de théâtre, et également des personnes qui lui seront utiles dans son travail. Le hasard peut le mettre en contact avec un avocat susceptible de l'éclairer justement au moment où le natif a besoin de conseils. Il aimera par-dessus tout discuter de travail, des changements qu'on pourrait apporter à ce qui est. Si le natif vit emmuré dans une sorte de convention et que son travail soit réglementé, de quoi au juste pourrait-il discuter? Peut-être bien d'une grève?

De pressions à faire pour obtenir des augmentations? Le discours du premier est amusant et celui du second est si officiel que, dans une soirée où on est venu pour rire, les invités pourraient trouver là une raison de partir plus tôt!

Sa douzième maison, celle de l'épreuve, se trouve dans le signe du Scorpion, symbole de sexualité. Il arrive que la Vierge se fasse un raisonnement qui la conduit à l'abstinence sexuelle ou à une permissivité telle qu'on ne peut l'imaginer. Le tout ou rien est possible avec ce signe dans le domaine des relations sexuelles. Il aura quelque chose à régler avec lui-même de ce côté. Le Scorpion étant le troisième signe de la Vierge, possibilité qu'à l'adolescence le natif ait vécu une grande permissivité de ce côté puis, tout d'un coup, sous l'effet de Mercure, d'un raisonnement puissant, il décide de ne plus accorder d'importance à sa vie sexuelle. Ce qui peut engendrer de sérieux problèmes dans une vie de couple. Chez les hommes, le plus souvent, les besoins sont excessifs, et chez les femmes, le refus est quasi total, sauf peut-être un soir où le mari ou l'amant (il faut qu'il ait été régulier) menace de quitter. La Vierge fera son «devoir» dont elle est le symbole.

C'est merveilleux de vivre une belle carrière, de réussir, d'être félicité pour le travail accompli ou la création que l'on a réussie... il est agréable de recevoir des honneurs, des prix de bonne conduite. Mais il est moins agréable de se rendre compte que l'on se retrouve avec une rupture, un divorce sur les bras, parce qu'on n'était pas attentif. L'autre attendait, il se demandait si la Vierge n'allait pas s'arrêter pour le voir... puis l'autre s'est dit aussi qu'il allait rester encore un temps, Vierge-Sagittaire, finalement c'est un bon placement! On ne manque de rien, l'avenir matériel est assuré, mais même si l'argent apporte le confort, il ne parle pas, ne discute pas, ne donne pas d'amour. Un choc peut éveiller cette Vierge et elle peut alors désirer une discussion. Elle aime parler, et à parler on finit par communiquer, par se rapprocher, et peut-être bien que cette Vierge, dira que demain... elle prend congé... pour une fois! Et ce peut être le début du recommencement.

 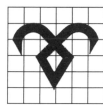

VIERGE
ASCENDANT
CAPRICORNE

Double signe de terre, Mercure et Saturne. Il réfléchit, il ne se livre pas facilement, il a la langue liée. Il pense à son avenir, à son but à atteindre, à se mettre en sécurité pour ses vieux jours, à son confort. Ses pantoufles de retraite, il commence à les tricoter très jeune!

Ce natif est consciencieux à l'excès et d'une patience d'ange. Que n'endurerait-il pas pour atteindre son but? Il peut se priver de toutes sortes de bonnes choses si son objectif l'exige. En fait, pour lui ce ne sera pas une privation, mais simplement un mouvement de sa raison. Vu de l'extérieur par des gens qui pensent autrement, on pourrait le trouver austère, trop sérieux, parfois on le trouve aussi ennuyeux! Tout dépend naturellement de l'angle où on se place.

Il calcule, mesure, ne fait rien au hasard, il a un sens de l'organisation en ce qui concerne le matériel, il ne gaspille rien. Quand quelque chose n'est plus utile au moment présent, il le range: un jour peut-être en aura-t-il encore besoin?

Il parle peu de ses sentiments. Vous pourriez être porté à croire qu'il n'en a pas, qu'il est fait de glace! Double signe de terre, un de fin d'été et l'autre d'hiver enfoui sous la neige!

VIERGE ET SES ASCENDANTS

Il travaille fort, tant et si bien qu'on finit par lui confier un poste de responsabilités, un poste élevé. Il devient un chef, respecté et respectable. Il considérera autant celui qui est au bas de l'échelle, surtout si la personne est travailleuse, reconnaissant qu'il est préférable de monter lentement et sûrement que d'être en haut et retomber.

Il peut également avoir son propre commerce car il est capable de se fier à sa seule force.

Mais il ne vous donnera rien, il ne vous fera pas de cadeau, pas de faveur; tout se gagne, comme lui-même l'a fait. Si vous lui rendez un service il le paiera comme on le paie, lui, quand il travaille.

Il soigne ses intérêts d'abord et avant tout, sans négliger la collectivité pour laquelle il travaille. Si, à tout hasard, vous lui demandez un service, il faudra le payer, ce n'est pas gratuit avec lui, et l'équivalent bien exactement pesé et mesuré. Si vous ne le faites pas, il vous le fera savoir fermement, jusqu'à vous gêner. Justice.

Sa deuxième maison, celle de l'argent, dans le signe du Verseau, également le sixième signe de la Vierge, lui donne un grand sens pratique. Il aura souvent besoin d'un public pour gagner son argent. Cette deuxième maison sous Uranus (Verseau) peut lui valoir un gain d'argent soudain, ce peut même être à la loterie, surtout s'il a de bons aspects de Vénus et d'Uranus dans sa carte natale. Mais le mieux pour lui, c'est encore de se fier à son travail, ce qui n'interdit pas l'achat de billets de loterie. Avec de mauvais aspects d'Uranus dans sa carte natale, le natif peut, après un gros coup d'argent, en perdre, et c'est parfois sous l'influence d'amis qui aiment un peu trop le risque et la fête. Il arrive que le natif divorce pour raison financière, peut-être était-il seul pourvoyeur alors que l'entente première du mariage stipulait que «nous devions être deux pour assurer la subsistance».

Sa troisième maison, dans le signe du Poissons, en aspect opposé avec son Soleil, indique qu'un mariage décidé trop jeune peut attirer au natif un partenaire menteur, ou qui ne lui dira que la moitié de la vérité. Il peut lui-même être intrigant. Il aimera les jeux de mots, les devinettes, les intrigues, mais pour s'amuser; quand il en arrive aux choses sérieuses de la vie, il ne veut pas mentir, il préfère la vérité, mais on n'agit pas toujours de même avec lui. Il sera tenté d'abandonner ses études jeune, préférant le vaste monde à la limite d'une classe. Si vous en avez un encore adolescent, il faut l'encourager dans ses études. Il aurait le courage de quitter juste pour avoir de l'action et élargir son horizon. Bien que double signe de terre et organisé, ce natif est tolérant envers ceux qui ne le sont pas, à condition que ça ne le touche pas directement. Il a l'esprit large et il accepte toutes les idées, à condition qu'on ne vienne pas lui imposer quelque chose qu'il n'aurait pas décidé ni voulu.

Sa quatrième maison, celle du foyer, symbole de la mère, est également le huitième signe de la Vierge. Sans s'en rendre compte, le natif a pu subir une forte influence de sa mère qui a pu lui donner une nature combative, mais il est aussi possible qu'il n'ait pas reçu de sa mère l'attention et l'affection dont il avait profondément besoin. La mère est sans doute dynamique, mais elle se préoccupe davantage des apparences que de sa nature intérieure, et son enfant doit se tailler une place de choix et réussir — financièrement — preuve incontestable de l'ascension et de la réussite sociale. Naturellement, cela est en fonction du milieu de naissance du natif. Généralement il n'a pas manqué de l'essentiel dans son milieu familial. Aussi lui-même est-il très consciencieux quand il est question de subvenir aux besoins des siens.

Sa cinquième maison, celle des amours, de la créativité, des enfants, se trouve dans le signe du Taureau. Encore une fois, si le natif a des enfants, il pourvoira à leurs besoins en y ajoutant affection, tendresse, ce qu'il n'a pas vraiment reçu de sa mère. Il aimera les beaux vêtements et peut-être, dans tout son conformisme, s'accordera-t-il à ses heures quelques tenues originales et même surprenantes. Il aime la mode. Il peut être d'avant-garde et de bon goût naturellement, à moins de bien mauvais aspects de Vénus et de son Soleil. Il aspire à la stabilité sentimentale, il y recherche en même temps la sécurité. Il aimera la présence des artistes, mais ne se laissera pas impressionner. Il est trop raisonneur pour ça. Pour lui, nous sommes égaux tant que nous pensons et agissons.

Sa sixième maison, celle du travail, relève directement des aspects de Mercure dans sa carte natale. Ce peut être le secrétariat pour les uns, la vente, un travail qui demande des déplacements par la route pour d'autres. Il est habile dans les travaux manuels qui demandent de la précision. L'essentiel pour lui sera d'établir le contact avec différentes personnes où il peut parler de tout, apprendre de chacun leurs intérêts diversifiés afin d'augmenter ses connaissances. L'école de la vie lui apprend beaucoup, et comme il a une grande facilité pour entrer en contact avec le monde extérieur, il est facile pour lui de se faire aimer. S'il est vendeur, soyez certain qu'il ne contrarie pas son client! Sa raison lui dicte instantanément que le client a toujours raison quand il s'agit de faire de l'argent!

Sa septième maison, celle du conjoint, se trouve dans le signe du Cancer. La famille pourrait dans certains cas exercer sur le natif une certaine pression afin qu'il se choisisse mari ou femme de son choix! Il pourrait attirer à lui des partenaires qui se comportent comme des enfants ou qui se placent sous sa dépendance affective ou matérielle, ou les deux à la fois. Parfois le mariage est maintenu pour diverses raisons. Le natif de la Vierge, étant au départ tolérant, trouvera toutes sortes de bonnes raisons pour excuser le comportement de son partenaire. Quand la Vierge, si elle n'a pas encore pris d'habitudes, si elle ne s'est pas enracinée dans la routine, se rendra compte qu'elle a la responsabilité de sa communauté familiale, elle pourrait bien éclater, faire un drame, remettre les choses à leur place si le partenaire veut bien faire un effort dans le sens qu'elle lui demande. La Vierge-Capricorne peut avoir le ton d'un général d'armée de temps à autre, mais en fait elle l'utilisera quand il y a lieu de remettre de l'ordre. Chaque chose à sa place et une place pour chaque chose, autant dans la vie familiale que dans la vie professionnelle. Et s'il n'en va pas comme elle veut, le combat commence. Elle n'a surtout pas l'intention de le perdre, ou d'y perdre du temps: elle a tout à gagner à s'occuper intelligemment de son avenir!

Sa huitième maison, celle des transformations, est dans le signe du Lion. Donc les liaisons amoureuses que pourrait avoir une Vierge-Capricorne favorisent ses transformations autant sur le plan psychique que professionnel, émotif et mental. S'il survient une rupture, le natif pourrait s'affoler, aller d'une aventure à l'autre, sans se fixer, et parfois pendant bien longtemps. Un accident, avec de mauvais aspects de Mars, de Neptune et de son Soleil pourrait survenir à l'un de ses enfants ou l'un d'eux pourrait être affecté d'une maladie, ou de dépression. Le natif devra surveiller de près l'évolution de son ou de ses enfants. Cet aspect naturellement devra être confirmé officiellement par la carte natale du natif et même celle de ou des enfants en question.

Le Soleil se trouvant dans la neuvième maison de cette Vierge, on aura une personne aux espoirs sans cesse renouvelés qui sait prendre sa chance quand elle passe, et elle finit par passer. Possibilité d'un deuxième mariage avec une personne venant d'un milieu totalement différent de celui du natif, parfois de l'étranger, et souvent riche ou même très fortunée. Quand on croit à sa chance, on l'attire, on la fait! Cette position peut favoriser un adepte de la loterie, surtout avec de bons aspects de Jupiter dans la carte natale.

Sa dixième maison se trouve dans le signe de la Balance, deuxième maison de la Vierge. Possibilité de gagner de l'argent par l'esthétique ou un métier connexe, la mode, les vêtements, tout ce qui est de la nature de Vénus, également d'épouser une personne riche. Le natif pourra toutefois être hésitant avant de s'engager dans une aventure où il doit investir son propre argent. Bizarrement, l'hésitation peut être provoquée par le conjoint, la Balance ayant deux poids, peut-être avec un premier conjoint avec qui finalement rien n'aurait marché! Possibilité que l'amour et la carrière soient liés, et que le natif rencontre son futur amour par le biais de sa carrière.

Sa onzième maison, celle des amis, dans le signe du Scorpion, n'a rien de rassurant, bien que la Vierge soit suffisamment prudente pour reconnaître ceux qui savent l'encourager et ceux qui ne lui veulent aucun bien. Il lui faut se méfier des suggestions apportées par lesdits amis. Il se pourrait bien que, sans mauvaise intention, ils guident mal le natif. Il ferait mieux de se fier sur son propre jugement. Possibilité que, durant une certaine période de sa vie, le natif entretienne des relations sexuelles avec ses amies! La fidélité pourrait aussi être lourde à supporter quand il se sent attiré par une amie alors qu'il est marié! La tentation sera forte, les aspects d'Uranus et de Mars nous informent si le natif pourra ou non résister!

Sa douzième maison, dans le signe du Sagittaire, prévient le natif qu'il doit se prémunir contre des investissements étrangers. Au cours de ses voyages, il lui faut être prudent pour éviter de se faire voler ou d'oublier, par distraction, des effets personnels coûteux! L'étranger, ou un étranger, peut participer à son évolution et lui faire découvrir une facette de la vie qu'il avait négligé de voir: les beautés du monde intérieur, par exemple, la réalité de la vie psychique, du monde invisible, de la vibration, l'existence d'une vie après la mort, que finalement c'est ici qu'on

VIERGE ET SES ASCENDANTS

se prépare à vivre la prochaine vie, que nous sommes immortels... À un moment de sa vie, le natif pourra vivre des expériences qui sortent de l'ordinaire.

 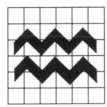

VIERGE
ASCENDANT
VERSEAU

Voilà quelqu'un qui peut être bien contrariant. Un jour il dit blanc et le lendemain il dit noir. C'est une Vierge intrigante, difficile à comprendre, un paquet de nerfs tout emmêlés comme des fils électriques où le courant passe. Si vous vous y frottez, vous risquez l'électrocution uranienne!

Elle se cherche une raison d'être, elle veut être spéciale! Pas besoin de chercher, elle l'est bien malgré elle, avec un ascendant Verseau.

Le non-conventionnel l'attire, mais en tant que Vierge c'est un risque à prendre! Elle juge les autres, les mesure, les compare, décide même pour eux. Le Verseau est un être qui commande, qui tyrannise même. Il est souvent l'ange déchu plutôt que l'ange divin! Mais il est plus facile de dominer par la force que par la douceur! N'est-ce pas?

C'est un être bizarre que cette Vierge. Un ami lui demande un service, elle n'a pas le temps. Un voisin qu'elle n'a vu qu'une fois demande de l'aide, la voilà qui accourt! Et les remerciements ne lui font pas grand-chose: merci, au revoir, ça lui suffit, elle ne cherche pas qu'on lui soit reconnaissante.

VIERGE ET SES ASCENDANTS

En amour, elle fait marcher. Elle croit qu'elle connaît rapidement l'autre et qu'elle saura le manipuler à sa guise. Surprise, on ne fait pas son jeu. Ça manque franchement de chaleur. Les adultes ont passé l'âge du cache-cache! La Vierge-Verseau attribue à ses partenaires des qualités et des défauts qu'ils n'ont pas. Elle est la reine de l'illusion! Ce signe vit de nombreux chocs qui, finalement, doivent l'éveiller pour que son signe double s'unifie et devienne un porteur de bonnes nouvelles.

Sa deuxième maison, dans le signe du Poissons, lui permet d'avoir parfois plus d'une source d'argent. Autant l'argent rentre bien dans ses caisses, autant il sait le faire sortir pour s'offrir du luxe, des fantaisies. Comme le Poissons se trouve juste en face de la Vierge, il arrive que les questions d'argent jouent un rôle capital dans la relation sentimentale. Possibilité que le conjoint ait épousé une personne ayant quelques valeurs financières dont il peut se servir pour prospérer lui-même. Il sera également habile à camoufler de l'argent, à l'impôt par exemple, mais il y a possibilité qu'on le découvre au moment où il s'y attend le moins...

Sa troisième maison, dans le signe du Bélier, lui donne un air audacieux et une parole directe qui parfois peut être choquante. Le Bélier étant le huitième signe de la Vierge, le natif peut avoir un esprit obsédé par la sexualité, et ça peut devenir son sujet de conversation préféré. Il ne manquera pas non plus une occasion de charmer, parfois charmer pour charmer, juste pour se prouver qu'il plaît, qu'on a envie de lui, mais il n'aura pas nécessairement envie de l'autre. Il peut être dépensier à un moment et économe plus tard, au point de se faire offrir des gâteries en utilisant quelques flatteries qui ne ratent pas!

Sa quatrième maison, dans le signe du Taureau, lui fait naturellement désirer un foyer confortable, de préférence près de la nature. Il a pu être éduqué par une mère très affectueuse qui a comblé tous ses désirs, ce qui aura pour effet, quand vient son tour de partager une vie amoureuse, qu'il continuera de demander autant que lorsque sa mère prenait soin de lui. Il aura également beaucoup d'affection pour les membres de sa famille. En leur présence, il leur manifestera beaucoup d'attentions. La Vierge-Verseau devant souvent s'absenter, elle se rattrapera sur la qualité plutôt que sur la quantité.

Sa cinquième maison, celle de l'amour, dans le signe du Gémeaux, la fait s'attacher trop souvent à des personnes superficielles. Généralement, sa vie amoureuse est marquée à l'adolescence où il fait ses premières conquêtes avec grand succès, ce qui a pour effet de lui donner le goût de poursuivre l'expérience longtemps. Il pourrait avoir un comportement d'adolescent dans les questions amoureuses. Il s'accroche à des détails et oublie l'ensemble de la question. Et l'autre a bien du mal à se persuader de sa fidélité, laquelle est douteuse, la plupart du temps. Ce natif peut être fort habile lorsqu'il s'agit d'achat d'objets d'art. Il pourrait même en faire une collection qu'il pourrait un jour revendre à prix fort.

Sa sixième maison, celle du travail, se trouve dans le signe du Cancer, signe de la Lune. Possibilité donc que le natif travaille pour le public. Le symbole de la Lune étant les liquides, la sixième représentant la Vierge, service utile dans le foyer ou son environnement, notre natif n'est pas un rêveur quand il s'agit de travailler, de faire de l'argent. Il aime trop le luxe pour perdre du temps. Il pourrait avoir des employés, la famille pourrait être liée à son travail. Naturellement, la position de la Lune et de Mercure dans sa carte natale donne une indication précise sur la nature du travail qui l'occupe.

Sa septième maison est dans le signe du Lion, son conjoint. Le natif rêve de se promener au bras d'une star. Cela fait parfois partie des objectifs de sa vie: la trouver. Mais cette septième maison étant également la douzième du signe de la Vierge, il peut prendre beaucoup de temps avant de la trouver à moins que des aspects de Vénus et de son Soleil n'en accélèrent le processus. Il pourrait également s'être illusionné et se retrouver déçu devant l'artiste. Pour ceux qui ne le savent pas encore, la vie d'artiste est faite de travail, d'embûches, de recommencement, de créativité qui demande du temps, de la patience. On a tendance à croire qu'un artiste n'a qu'à se présenter et que ce qu'il possède comme talent, comme compétence, il l'a eu tout de suite, comme ça! Si vous grattiez son passé, vous vous rendriez compte qu'il a travaillé plus fort que vous n'auriez pu l'imaginer! Notre natif peut toujours s'imaginer la vie auprès d'une star, mais il n'a peut-être pas étudié toutes les conséquences que cela entraîne pour sa propre vie. Les artistes sont des gens émotifs, et parfois capricieux et exigeants. Ils ont tant besoin qu'on les aime! Le mariage de ce natif est donc toujours un risque, même quand il trouve l'artiste. Il peut, une fois réalisé, durer longtemps avant que survienne une séparation, la septième maison étant en signe fixe.

VIERGE ET SES ASCENDANTS

Vous verrez rarement, et peut-être jamais, ce natif au bras d'une personne qui ne serait pas jolie. Bel homme ou belle femme, cela fait partie de ses exigences. Il attache tellement d'importance aux côtés superficiels qu'il peut commettre l'erreur, en ne visant que le beau, de rencontrer quelqu'un qui bientôt le déçoit, n'est pas bon, est même menteur, méchant. Mais il avait choisi la beauté, sans les qualités de coeur...

Son Soleil se retrouve donc en huitième maison, maison des transformations, de la sexualité, de la mort, du renouvellement. Le natif est fortement préoccupé par sa vie sexuelle. Dans un signe double, la fidélité est sur la corde raide! L'occasion fait le larron et le natif semble la rechercher! Au moment où il traversera cette maison, astrologiquement parlant, moment indiqué par sa carte natale, il pourra vivre de grandes transformations, à la manière d'un Scorpion, passer d'une vie à une autre, dont les couleurs sont totalement différentes de la première. Il faudra parfois un choc. La mort peut y jouer un rôle, ou une personne pour laquelle il aura une attirance plus forte, et cette même personne, d'un type particulier, l'amène à changer toute sa philosophie. Si le natif avait de mauvais aspects de Mars, de Pluton et de son Soleil, il serait sujet aux maladies vénériennes, peut-être plus que toute autre Vierge. Il raffole des jeux amoureux et il se sentira puni. Il arrive qu'avec cet aspect on retrouve des Vierges appartenant au monde du banditisme, au milieu de la drogue, de la prostitution. Il pourrait être le patron plutôt que l'employé. Disons qu'il s'agit de cas particuliers et de l'exception.

Sa neuvième maison se trouve dans le signe de la Balance. Il est bien possible alors que ce soit au cours d'un voyage que le natif rencontre le deuxième conjoint de sa vie, s'il y a eu un divorce. Avec sa chance, possibilité qu'il fasse la rencontre avec l'artiste dont il rêve! Pour le confirmer officiellement, il faut voir les aspects de Vénus et de Jupiter dans sa carte natale. Généralement élégant, qu'il soit très ou moyennement riche, il paraîtra toujours en public à son mieux. Le goût de plaire est une priorité chez lui.

Sa dixième maison, celle de la carrière, se trouve dans le signe du Scorpion, symbole des transformations ou de ce qui se transforme. Le natif peut donc travailler pour une compagnie ou avoir sa propre entreprise qui exploite un produit qui se transforme et qui, naturellement, dessert le public. Les mines lui sont favorables, ainsi que les propriétés où l'on sert de l'alcool ou autre produit que l'on consomme en cachette, la nuit de préférence! Comme le Scorpion est en bons aspects avec la Vierge, le natif peut espérer voir son entreprise prospérer.

Sa onzième maison, celle des amis, dans le signe du Sagittaire, en aspect négatif avec la Vierge, indique qu'il se fait peu d'amis, qu'il connaît beaucoup de gens mais s'attache très peu. Il lui arrivera fréquemment de rencontrer des gens qui ont l'expérience de la vie. Il les écoutera avec plaisir, y apprenant une leçon de plus. Encore une fois, cette position spécifie son goût pour les voyages où il entrera avec ravissement en contact avec des personnes de nationalités différentes.

Sa douzième maison, dans le signe du Capricorne, symbole de l'épreuve, du père, symbolise que le natif a pu vivre quelques problèmes avec celui-ci, un manque de communication à la base. Le Capricorne étant en bons aspects avec le signe de la Vierge, le natif s'en est accommodé. Dans le cas d'un homme, lui, en tant que père, pourra subir quelques épreuves, être séparé des siens, du moins partiellement. Dans le cas d'une femme, possibilité qu'elle ait été soumise aux règlements du père et que, si elle se marie, l'homme, le père de ses enfants, pourrait se détacher de la cellule familiale et lui laisser la charge des enfants. Étant donné les bons aspects entre le Capricorne et la Vierge, cette dernière trouvera des solutions qui la satisferont. Il peut arriver que la Vierge de naissance féminine recherche comme mari une sorte de présence du père, quoi qu'il ait été, quoi qu'il ait fait, mais celui-ci n'y correspondant pas, elle aboutit à une séparation consciemment ou non.

Cette dernière position invite le natif à réfléchir, à faire un pas vers la sagesse. Il préfère parfois sa liberté à la limite familiale, sans négliger totalement le côté matériel dont la famille a besoin pour survivre. La Vierge est une personne réfléchie et le Verseau, un enfant de la liberté; et sous l'influence d'Uranus le natif crée une situation d'éclatement. La Vierge se trouve aux prises entre divers désirs d'expansion dans son double signe. Le Verseau veut rénover, tout changer. La Vierge, un signe de terre qui prend racine, et le Verseau, un signe d'air, l'unification n'est pas facile. L'un tient à sa terre et l'autre veut aller s'établir sur une nouvelle planète, la coloniser peut-être, s'y faire germer de nouvelles racines!

VIERGE
ASCENDANT
POISSONS

Nous avons ici l'opposé du signe. Le natif est victime, il joue contre ses intérêts. Il se place dans des situations de perdant comme s'il prenait plaisir à souffrir!

Pratique, mystique, tantôt à cheval sur les principes et tantôt plutôt laxiste, anxieux un jour, confiant l'autre ou même quelques heures plus tard! Il se cherche, il veut se comprendre, et aimerait bien qu'on l'aide à se comprendre aussi.

Il se laisse souvent ballotter par le destin, on le manipule, on lui fait faire des choses inutiles, on abuse de ses bontés, de sa générosité. Mais, un jour ou l'autre, tout ce qu'on donne nous est remis!

Ce natif a tout intérêt à se diriger vers les arts pour canaliser la multitude d'énergies qu'il possède. Il pourra alors laisser son imagination le guider. Vierge-Poissons entraînée par la beauté et la bonté, vous êtes magnifique, mais si vous vous laissez prendre dans le sous-sol des bassesses de la vie, il vous faudra beaucoup de souffle pour remonter la côte car vous êtes excessif. Double signe double = quatre personnes en une seule qui cherchent à s'unifier!

VIERGE ET SES ASCENDANTS

Sa deuxième maison, celle de l'argent, se trouvant dans le signe du Bélier, huitième signe de la Vierge, le natif a besoin de beaucoup d'argent pour se sentir à l'aise. Il aimera s'offrir du luxe, ce dont on peut aussi se passer!

Sa troisième maison, dans le signe du Taureau, donne à son esprit un côté pratique. Le Taureau, un signe fixe dans une maison en signe double ou mutable, invite le natif à se bâtir une sorte de banque d'idées bien à lui et s'y maintenir fortement. Il pourra lui arriver de jouer avec les mots, tout simplement pour avoir raison. Il est sensible dès qu'on touche à son orgueil, dès qu'on oppose une résistance à ce qu'il croit être vrai. Il peut s'accrocher à de bons principes comme il peut tout aussi bien s'enliser dans ce qui fait son compte au détriment parfois d'un groupe. Intéressé aux questions qui demandent de la réflexion et qui rapportent de l'argent, cela peut même occuper tout le centre de ses réflexions. Il préfère souvent penser aux autres plutôt qu'à lui-même, pour s'éviter, pour ne pas regarder les motifs qui le font agir, qui le font parfois hésiter et lui font perdre une bonne période de sa vie.

Sa quatrième maison, dans le signe du Gémeaux, symbolise son foyer, ses racines. Le Gémeaux étant en aspect contradictoire avec la Vierge, le natif a pu recevoir des doubles messages dont il ne prendra conscience qu'à un moment difficile de sa vie. Sa mère, qui est peut-être une personne qui manque de sécurité, a tenté de le guider en vue du gain pour qu'il se sente, lui, en sécurité. Les messages de double nature ont pu être: si tu es un bon garçon, le ciel te récompensera. D'un autre côté, on lui cite une liste de gens malhonnêtes qui font fortune. Que doit-il penser? Qu'il faut rester honnête ou voler? Ou alors on lui fait savoir subtilement qu'on l'aime quand il est tranquille, et à un autre moment on s'impatiente contre lui parce qu'il est passif, qu'il ne bouge pas assez vite. Se faire sa propre idée sur soi quand on veut plaire à tout le monde et à son père n'est pas facile. C'est comme si on lui disait qu'il doit être à la fois artiste et homme ou femme d'affaires. Les deux sont possibles, mais difficiles à concilier, en même temps, au même moment.

Sa cinquième maison, celle de l'amour, se situe dans le signe du Cancer, ce qui crée une grande émotivité chez le natif. Préoccupé par le bien-être de sa famille, par l'amour qu'il reçoit de sa mère particulièrement, il ferait n'importe quoi pour lui plaire, mais il l'apprécie peu pour ce qu'il fait. On ne le lui dit pas, on le lui fait sentir. Aussi il aura peur de s'aventurer dans l'inconnu sans l'approbation de sa mère ou des membres de sa famille. Il aimera les enfants, ceux de ses frères et soeurs, il en prendra parfois soin comme s'ils étaient les siens. D'une grande générosité quand il s'agit de rendre service, il oublie ses propres besoins et parfois passe à côté de ce qui est essentiel pour son propre bien-être.

Sa sixième maison, dans le signe du Lion, sa maison du travail, le met en contact avec les artistes ou fait qu'il travaille manuellement dans ce milieu. Comme il est de service, on peut abuser de lui, lui faire faire de longues heures et mal le rémunérer. Il mettra un long moment avant de se rendre compte qu'on ne rend pas «à César, ce qui appartient à César». Comme le Lion est le douzième signe de la Vierge, le côté caché, il peut occuper un poste important, mais il reste dans l'ombre et se fait peu reconnaître pour ce qu'il fait.

Son Soleil, en septième maison, le rend si sensible à autrui qu'il est prêt à leur consacrer sa vie, autant par des services d'ordre matériel que par l'affection et l'attention qu'il leur donnera. Il peut avoir un grand talent de comédien, mais ne sachant plus à qui s'identifier, il se sentira à l'aise quand on lui donnera un rôle à jouer. Il saura, du moins le temps que dure le rôle, qui il est. Il aime plaire, mais il est parfois gauche et timide. On l'acceptera dans tous les milieux, il ne fait pas de bruit, il travaille, il en fait plus qu'on lui en demande. On exagère aussi. Mais le ciel est bon et un jour il réussit à s'affirmer, à se faire reconnaître comme une personne spéciale, et ce peut aussi bien être dans un domaine artistique, vers lequel il est attiré, que du côté des affaires, dans l'organisation des arts.

Sa huitième maison, dans le signe de la Balance, le fait naturellement rêver de domination, mais il lui faudra attendre son tour. Patient, il l'est. La Balance étant le symbole des unions, des associés, il est conseillé à ce natif de ne se fier qu'à sa seule force s'il décide de bâtir une entreprise. Il peut arriver qu'il vive une rupture qui le marquera puissamment et qui sera alors à l'origine de sa transformation, de sa propre restructuration. Intelligent, il ne le laisse que peu paraître, autant par timidité que par peur de commettre la moindre erreur qui pourrait déplaire.

Sa neuvième maison, dans le signe du Scorpion, le rend intuitif, perceptif. Il peut d'un seul coup d'oeil analyser les gens, les deviner. Il saura quoi leur dire pour les encourager, et quand il prendra plus d'assurance, il saura aussi quoi leur dire pour qu'ils cessent d'abuser de ses services sans le payer ou sans lui donner ce qui lui revient. Attiré par l'astrologie, il peut même s'en faire un loisir. Il en profitera pour se retirer seul, pour se mieux connaître et pour mieux connaître les gens qui l'entourent. Cette position indique qu'il peut être doué pour les investissements, mais il ferait bien de travailler seul et ne pas se fier aux opinions d'autrui qui peuvent être pleines d'assurance, apparemment, mais qui, en fait, ne lui serviraient que des paroles en l'air pour le dérouter.

Sa dixième maison, dans le signe du Sagittaire, encore une fois invite le natif à la spéculation financière. Profondément croyant, il devra cependant prendre garde ne pas s'attacher à des religions de pacotille. Il devra se méfier des conseils qu'on pourrait lui donner au sujet de l'argent, surtout quand ils viennent de sa famille. Influençable, il doute facilement de lui-même et fait parfois siennes les idées des autres.

Sa onzième maison, celle des amis, se trouvant dans le signe du Capricorne, lui fera rechercher la présence des gens plus âgés. Il se sentira plus à l'aise avec eux qu'avec ceux de son âge. Il sait qu'il a beaucoup à apprendre et il retiendra les leçons de sagesse de ceux qui l'ont devancé, de ceux qui ont réussi seuls. Il ira y puiser son courage et sa force d'agir. Il aimera également s'occuper des vieillards, qui, par vibrations, lui rendront service.

Sa douzième maison, dans le signe du Verseau, l'invite à être sélectif quand il s'agit de se choisir un associé, un ami, un mari ou une femme. Il pourrait découvrir que la personne qu'il aime, qu'il apprécie a un autre visage que celui qu'il avait tout d'abord vu. Cette position crée chez lui un attrait pour l'astrologie, pour les sciences occultes. Il aimera rencontrer les voyants, entendre parler des mystères qui se cachent dans l'invisible. Lui-même pourra avoir des contacts avec le monde invisible où il pourrait chercher une grande source d'inspiration. Il devra fuir les faux prophètes et les faux voyants et s'enfuir au moindre doute ou pressentiment qu'il est devant une personne négative.

Ce natif est une sorte de boîte à surprises. Il peut émerger tout à coup, sortir de lui-même et démontrer à quel point il est différent. Réfléchi, il regarde où il met les pieds. Aussi quand vient le temps, s'il s'est fié à ses propres intuitions, s'il poursuit ses désirs profonds, qu'il s'agisse de s'affirmer dans le monde des affaires ou dans le monde des arts, on le reconnaîtra.

Si, à tout hasard, et ce qui est peu souhaitable, le natif se retrouvait dans un milieu où la drogue et l'alcool sont monnaie courante, il pourrait se laisser influencer et il aurait du mal à en sortir. Il peut se laisser happer par le monde des illusions qui lui promet gloire, fortune ou la fuite au pays des merveilles... mais la raison de la Vierge reviendrait à coup sûr, et le natif aurait la force de s'en sortir.

LE CALCUL DE L'ASCENDANT

Voici une méthode très simple qui permet de calculer son ascendant.

1. Il faut connaître son heure de naissance.

2. Si on est né à une date où l'heure d'été était en vigueur, il faut soustraire une heure à son heure de naissance. (Voir au tableau des heures d'été.)

3. On cherche sur le tableau des heures sidérales le temps sidéral du jour de sa naissance. Si notre date de naissance n'y est pas indiquée, il faut choisir la date précédente la plus rapprochée et ajouter quatre minutes par jour qui sépare cette date de notre jour de naissance. Disons, par exemple, que vous êtes né le 14 avril. Le tableau donne le temps sidéral pour le 10 avril, soit 13:10. Comme quatre jours séparent le 10 avril du 14 avril, il faut ajouter quatre fois quatre minutes, soit 16 minutes. On obtient donc un temps sidéral du jour de votre naissance si vous êtes né un 14 avril. N'oubliez pas que si le total des minutes dépasse 60, il faut soustraire 60 de ce total et ajouter une heure. Par exemple 06:54 plus 12 minutes. On obtient 06:66, ce qui donne en fait 07:06.

4. On ajoute à l'heure de la naissance le temps sidéral du jour de la naissance qu'on a trouvé au tableau des heures sidérales. C'est l'heure sidérale de la naissance. Si on obtient ici un total qui dépasse 24 heures, il faut soustraire 24 heures du total obtenu. Par exemple, si on obtient 32:18 on soustrait 24 heures de 32:18. Ce qui nous donne 08:18. C'est l'heure sidérale de la naissance.

5. On cherche ensuite au tableau des ascendants le signe qui correspond au temps sidéral de la naissance que vous avez trouvé à l'opération précédente. Ce signe est votre ascendant.

TABLEAU DES HEURES SIDÉRALES

Bélier

22 mars	11:54	1 avril	12:34	15 avril	13:29
26 mars	12:10	5 avril	12:50	20 avril	13:49
31 mars	12:30	10 avril	13:10		

Taureau

21 avril	13:53	1 mai	14:33	15 mai	15:28
25 avril	14:09	5 mai	14:48	21 mai	15:51
30 avril	14:29	10 mai	15:08		

Gémeaux

22 mai	15:55	1 juin	16:35	15 juin	17:30
26 mai	16:07	5 juin	16:51	21 juin	17:54
31 mai	16:31	10 juin	17:10		

Cancer

22 juin	17:58	1 juillet	18:33	15 juillet	19:28
26 juin	18:13	5 juillet	18:49	19 juillet	19:44
30 juin	18:29	10 juillet	19:09	22 juillet	19:56

Lion

23 juillet	20:00	1 août	20:35	16 août	21:34
27 juillet	20:16	5 août	20:51	22 août	21:58
31 juillet	20:31	10 août	21:11		

Vierge

23 août	22:02	1 sept.	22:37	15 sept.	23:33
28 août	22:22	5 sept.	22:53	21 sept.	23:56
31 août	22:34	10 sept.	23:13		

Balance

22 sept.	00:00	1 oct.	00:36	15 oct.	01:31
26 sept.	00:16	5 oct.	00:52	20 oct.	01:51
30 sept.	00:32	10 oct.	01:11	23 oct.	02:03

VIERGE

Scorpion

24 oct.	02:06	1 nov.	02:38	16 nov.	03:37
28 oct.	02:22	5 nov.	02:54	22 nov.	04:01
31 oct.	02:34	10 nov.	03:13		

Sagittaire

23 nov.	04:05	1 déc.	04:36	16 déc.	05:35
27 nov.	04:20	5 déc.	04:52	21 déc.	05:55
30 nov.	04:32	10 déc.	05:12		

Capricorne

22 déc.	05:59	1 janv.	06:39	15 janv.	07:34
26 déc.	06:15	5 janv.	06:54	20 janv.	07:53
31 déc.	06:35	10 janv.	07:14		

Verseau

21 janv.	07:57	1 fév.	08:41	15 fév.	09:36
26 janv.	08:17	5 fév.	08:56	19 fév.	09:52
31 janv.	08:37	10 fév.	09:16		

Poissons

20 fév.	09:56	1 mars	10:31	16 mars	11:30
24 fév.	10:11	5 mars	10:47	21 mars	11:50
28 fév.	10:27	10 mars	11:07		

TABLEAU DES ASCENDANTS

L'ascendant est dans le BÉLIER entre 18:00 et 19:04.
L'ascendant est dans le TAUREAU entre 19:05 et 20:24.
L'ascendant est dans le GÉMEAUX entre 20:25 et 22:16.
L'ascendant est dans le CANCER entre 22:17 et 00:40.
L'ascendant est dans le LION entre 00:41 et 03:20.
L'ascendant est dans la VIERGE entre 03:21 et 05:59.
L'ascendant est dans la BALANCE entre 06:00 et 08:38.
L'ascendant est dans le SCORPION entre 08:39 et 11:16.
L'ascendant est dans le SAGITTAIRE entre 11:17 et 13:42.
L'ascendant est dans le CAPRICORNE entre 13:43 et 15:33.
L'ascendant est dans le VERSEAU entre 15:34 et 16:55.
L'ascendant est dans le POISSONS entre 16:56 et 17:59.

TABLEAU DE L'HEURE D'ÉTÉ

Au Québec, l'heure avancée, ou heure d'été, a été en vigueur entre les dates suivantes.

1920 du 2 mai au 3 octobre.
1921 du 1er mai au 2 octobre.
1922 du 30 avril au 1er octobre.
1923 du 13 mai au 30 septembre.
1924 du 27 avril au 28 septembre.
1925 du 26 avril au 27 septembre.
1926 du 25 avril au 26 septembre.
1927 du 24 avril au 25 septembre.
1928 du 29 avril au 30 septembre.
1929 du 28 avril au 29 septembre.
1930 du 27 avril au 28 septembre.
1931 du 26 avril au 27 septembre.
1932 du 24 avril au 25 septembre.
1933 du 30 avril au 24 septembre.
1934 du 29 avril au 30 septembre.
1935 du 28 avril au 29 septembre.
1936 du 26 avril au 27 octobre.
1937 du 25 avril au 26 septembre.
1938 du 24 avril au 25 septembre.
1939 du 30 avril au 24 septembre.
1940 du 28 avril
      puis tout le reste de l'année.
1941 toute l'année.
1942 toute l'année.
1943 toute l'année.
1944 toute l'année.
1945 jusqu'au 30 septembre.
1946 du 28 avril au 29 septembre.
1947 du 27 avril au 28 septembre.
1948 du 25 avril au 26 septembre.
1949 du 24 avril au 25 septembre.
1950 du 30 avril au 24 septembre.
1951 du 29 avril au 30 septembre.
1952 du 27 avril au 28 septembre.
1953 du 26 avril au 27 septembre.
1954 du 25 avril au 26 septembre.
1955 du 24 avril au 25 septembre.

1956 du 29 avril au 30 septembre.
1957 du 28 avril au 27 octobre.
1958 du 27 avril au 26 octobre.
1959 du 26 avril au 25 octobre.
1960 du 24 avril au 30 octobre.
1961 du 30 avril au 29 octobre.
1962 du 29 avril au 28 octobre.
1963 du 28 avril au 27 octobre.
1964 du 26 avril au 25 octobre.
1965 du 25 avril au 31 octobre.
1966 du 24 avril au 30 octobre.
1967 du 30 avril au 29 octobre.
1968 du 28 avril au 27 octobre.
1969 du 27 avril au 26 octobre.
1970 du 26 avril au 25 octobre.
1971 du 25 avril au 31 octobre.
1972 du 30 avril au 29 octobre.
1973 du 29 avril au 28 octobre.
1974 du 28 avril au 27 octobre.
1975 du 27 avril au 26 octobre.
1976 du 25 avril au 31 octobre.
1977 du 24 avril au 30 octobre.
1978 du 30 avril au 29 octobre.
1979 du 29 avril au 28 octobre.
1980 du 27 avril au 26 octobre.
1981 du 26 avril au 25 octobre.
1982 du 25 avril au 31 octobre.
1983 du 24 avril au 30 octobre.
1984 du 29 avril au 28 octobre.
1985 du 28 avril au 27 octobre.
1986 du 27 avril au 26 octobre.
1987 du 26 avril au 25 octobre.
1988 du 3 avril au 30 octobre.
1989 du 2 avril au 29 octobre.
1990 du 1er avril au 27 octobre.
1991 du 6 avril au 26 octobre.
1992 du 5 avril au 31 octobre.

VIERGE

Nous vivons dans un monde électromagnétique et la Lune peut devenir meurtrière pour les individus qui n'ont pas un bon équilibre psychique. L'influence de la Lune aboutit souvent à des tensions sociales, à des événements malheureux ou bizarres. Notre société a bien du mal à accepter l'aspect intuitif de la nature humaine.

On tient cas du rationnel dans un monde où seul un comportement raisonnable est accepté. Les vagues de désespoir dans notre société deviennent plus évidentes vues sous la lumière de la Lune. Il a été constaté par différents astrologues que le mouvement de la Lune, une pleine Lune ou une nouvelle Lune, accentue les tensions internes, et mène parfois à poser un acte contre la vie, la sienne ou celle d'autrui, ou à se laisser aller à des crises d'angoisse ou à toutes sortes de manifestations destructrices.

Le sachant, l'individu peut alors se contrôler, et ne point se laisser aller à la dépression s'il en a la tendance. Une certaine vigilance face au mouvement de la Lune et des planètes peut nous enseigner un emploi du temps approprié à nos besoins et nous permettre de vivre en harmonie avec les forces environnantes.

«Les astres inclinent mais ne déterminent pas.»

Les vrais astrologues ont adopté cet adage depuis plusieurs siècles. L'homme vient au monde avec certaines tendances négatives qu'il peut corriger et des forces qu'il peut développer. Voilà à quoi sert l'astrologie.

NOUVELLE LUNE 1992

4 JANVIER	1 JUIN	25 OCTOBRE
3 FÉVRIER	30 JUIN	24 NOVEMBRE
4 MARS	29 JUILLET	24 DÉCEMBRE
3 AVRIL	28 AOÛT	
2 MAI	26 SEPTEMBRE	

PLEINE LUNE 1992

19 JANVIER	16 MAI	12 SEPTEMBRE
18 FÉVRIER	15 JUIN	11 OCTOBRE
18 MARS	14 JUILLET	10 NOVEMBRE
17 AVRIL	13 AOÛT	9 DÉCEMBRE

NOUVELLE LUNE 1993

22 JANVIER	21 MAI	16 SEPTEMBRE
21 FÉVRIER	20 JUIN	15 OCTOBRE
23 MARS	19 JUILLET	13 NOVEMBRE
21 AVRIL	17 AOÛT	13 DÉCEMBRE

PLEINE LUNE 1993

8 JANVIER	4 JUIN	30 OCTOBRE
6 FÉVRIER	3 JUILLET	29 NOVEMBRE
8 MARS	2 AOÛT	28 DÉCEMBRE
6 AVRIL	1 SEPTEMBRE	
6 MAI	30 SEPTEMBRE	

NOUVELLE LUNE 1994

11 JANVIER	10 MAI	5 SEPTEMBRE
10 FÉVRIER	9 JUIN	5 OCTOBRE
12 MARS	8 JUILLET	3 NOVEMBRE
11 AVRIL	7 AOÛT	1 DÉCEMBRE

PLEINE LUNE 1994

27 JANVIER	25 MAI	19 SEPTEMBRE
26 FÉVRIER	23 JUIN	19 OCTOBRE
27 MARS	22 JUILLET	18 NOVEMBRE
25 AVRIL	21 AOÛT	18 DÉCEMBRE

NOUVELLE LUNE 1995

1 JANVIER	29 MAI	24 OCTOBRE
30 JANVIER	28 JUIN	22 NOVEMBRE
1 MARS	27 JUILLET	22 DÉCEMBRE
31 MARS	26 AOÛT	
29 AVRIL	24 SEPTEMBRE	

VIERGE

PLEINE LUNE 1995

16 JANVIER	14 MAI	9 SEPTEMBRE
15 FÉVRIER	13 JUIN	8 OCTOBRE
17 MARS	12 JUILLET	7 NOVEMBRE
15 AVRIL	10 AOÛT	7 DÉCEMBRE

NOUVELLE LUNE 1996

20 JANVIER	17 MAI	12 SEPTEMBRE
18 FÉVRIER	16 JUIN	12 OCTOBRE
19 MARS	15 JUILLET	11 NOVEMBRE
17 AVRIL	14 AOÛT	10 DÉCEMBRE

PLEINE LUNE 1996

5 JANVIER	1 JUIN	26 OCTOBRE
4 FÉVRIER	1 JUILLET	25 NOVEMBRE
5 MARS	30 JUILLET	24 DÉCEMBRE
4 AVRIL	28 AOÛT	
3 MAI	27 SEPTEMBRE	

NOUVELLE LUNE 1997

9 JANVIER	5 JUIN	31 OCTOBRE
7 FÉVRIER	4 JUILLET	30 NOVEMBRE
9 MARS	3 AOÛT	29 DÉCEMBRE
7 AVRIL	1 SEPTEMBRE	
6 MAI	1 OCTOBRE	

PLEINE LUNE 1997

23 JANVIER	22 MAI	16 SEPTEMBRE
22 FÉVRIER	20 JUIN	14 NOVEMBRE
24 MARS	20 JUILLET	14 DÉCEMBRE
22 AVRIL	18 AOÛT	

NOUVELLE LUNE 1998

28 JANVIER	25 MAI	20 SEPTEMBRE
26 FÉVRIER	24 JUIN	20 OCTOBRE
28 MARS	23 JUILLET	19 NOVEMBRE
26 AVRIL	22 AOÛT	18 DÉCEMBRE

PLEINE LUNE 1998

12 JANVIER	11 MAI	6 SEPTEMBRE
11 FÉVRIER	10 JUIN	5 OCTOBRE
13 MARS	9 JUILLET	4 NOVEMBRE
11 AVRIL	8 AOÛT	3 DÉCEMBRE

CONCLUSION

Ce livre a pour but la connaissance de soi. Je ne puis avoir de la volonté à votre place. Ce que vous n'aimez pas de vous, vous devrez trouver un moyen de l'extirper de votre âme, votre coeur, votre subconscient, que ce soit par une thérapie de votre choix ou en lisant des livres qui vous enseignent à vous reprogrammer à partir de la blessure que vous avez subie ou que vous vous êtes infligé. Ce que nous sommes et que nous n'aimons pas n'est la faute de personne. C'est la nôtre, la vôtre. Ce que vous serez, vous ne le devez qu'à vous-même et à personne. Une carte du ciel bien faite peut donner des indices sur notre séjour antérieur dans une autre vie que celle que nous menons maintenant. Le thème astral peut causer beaucoup sur le sujet ou peu, ça dépend de chaque individu, de ce que sa naissance veut bien lui révéler. Je travaille présentement sur le «karma» et dans deux ou trois années je pourrai vous apporter du concret, de l'«adaptable». Vous reconnaîtrai l'autre que vous étiez, celui qui est, celui qui se transforme.

IMPRIMERIE QUEBECOR
L'ÉCLAIREUR
24054